THÈSE

POUR

LE DOCTORAT

soutenue, le 18 décembre 1851,

PAR BERTULPHE-AUGUSTIN-FRANÇOIS GOSSELIN,

né à Fruges (Pas-de-Calais).

PRÉSIDENT, M. PELLAT.

SUFFRAGANTS : MM. OUDOT,
PERREYRE, professeurs.
VUATRIN,
DUVERGER, suppléant.

PARIS,

IMPRIMERIE DE Mme Ve BOUCHARD-HUZARD,
rue de l'Éperon, 5.

1851

A MON PÈRE ET A MA MÈRE.

DE LA CHOSE JUGÉE

EN MATIÈRE CIVILE.

—

S'il est un principe fondamental dans l'étude des lois et dans
l'administration de la justice, c'est le respect absolu que l'on
doit à la chose jugée. Les tribunaux chargés d'appliquer les
lois seraient impuissants, si l'on pouvait porter atteinte à l'in-
violabilité qui protége leurs décisions. Les jugements reste-
raient sans exécution, et l'impuissance de la justice rejailli-
rait sur la loi elle-même, dépourvue de sanction et réduite à
l'état de lettre morte et stérile. Aussi est-ce avec raison que
Cicéron a dit : « Status Reipublicæ maxime judicatis rebus
continetur (*Orat. pro Sylla*, 22) (1). »

Quelques erreurs, dues à l'ignorance ou au mauvais
vouloir de quelques juges, ne sauraient être la critique
de la règle qui attribue à la chose jugée le caractère d'une
vérité désormais irréfragable pour les parties. Il faut,
avant tout, garantir le repos des familles, donner à chaque
citoyen un abri salutaire contre des prétentions déjà repous-
sées, et empêcher le scandale des contradictions judiciaires :
« Singulis controversiis, singulas actiones, unumque judicati
finem sufficere, probabili ratione placuit ne aliter modus litium multiplicatus summam, atque inexplicabilem faciat dif-

---

(1) Le chancelier Bacon exprime la même idée dans ce passage si
connu : Les jugements sont les ancres des lois comme les lois sont les
ancres des républiques. (Aphor., 72.)

ficultatem, maxime si diversa pronunciarentur; parere ergo exceptionem rei judicatæ frequens est (L. 6, ff. *De exc. rei judic.*). »

Toutes ces raisons suffiraient, sans doute, pour légitimer un principe que l'on peut considérer comme la sauvegarde des lois. Néanmoins, à côté des grands motifs tirés de l'ordre public, les jurisconsultes ont voulu ajouter une raison juridique et donner à l'autorité de la chose jugée une origine presque conventionnelle.

Ils ont dit : Lorsque deux parties se présentent devant les tribunaux pour faire juger leurs différends, elles acceptent d'avance la décision qui doit intervenir comme la règle de leurs droits. Dès que le jugement est rendu en dernier ressort, elles doivent s'y soumettre, car telle est la loi qu'elles se sont imposée à elles-mêmes. Toutefois, cette convention n'étant pas expresse, comme elle résulte uniquement de la comparution des parties devant les tribunaux, on lui a donné le nom de quasi-contrat judiciaire.

Cette idée de quasi-contrat judiciaire, que l'on retrouve aujourd'hui, à chaque instant, dans la pratique, était déjà admise par les jurisconsultes romains, l'un d'eux a dit : « Eadem enim debet esse ratio judiciorum in quibus videmus quasi contrahere ac conventionum. » Elle est, d'ailleurs, d'un utile secours pour résoudre les nombreuses difficultés qui se rencontrent à chaque pas dans l'application de l'art. 1351 cod. civ.

De cette double origine de l'autorité donnée par la loi à la chose jugée découlent toutes les règles qui gouvernent cette matière.

Destiné, d'une part, à prévenir des contradictions dans les décisions judiciaires, à fixer d'une manière certaine et immuable les droits des familles, le principe de la chose jugée conduit à cette première règle : On ne peut soulever de nouveau un débat qui a fait l'objet d'une décision judiciaire, un litige examiné dans une précédente instance.

D'autre part, l'autorité de la chose jugée, reposant sur un quasi-contrat judiciaire, ne peut produire d'effet que vis-à-vis des personnes qui sont intervenues à ce quasi-contrat, soit par elles-mêmes, soit par leurs représentants.

On ne devait pas, sous le prétexte d'assurer aux décisions judiciaires le respect qui leur était dû, permettre un retour fatal aux arrêts de règlement, ni compromettre, sur une analogie peut-être inexacte, les droits des absents. L'autorité de la chose jugée donne bien à la décision le caractère d'une vérité, mais ce n'est qu'une vérité présumée, par conséquent une vérité relative et limitée à ce qui fait l'objet de la sentence. Auss l'exception de la chose jugée ne peut-elle être invoquée que lorsque le second procès est identiquement le même que le premier; et il cesse de l'être, non-seulement lorsqu'il en diffère par les personnes en cause, ou les objets de deux demandes, mais aussi lorsque les droits invoqués sont complétement distincts. De là cette règle que, pour proposer avec succès cette exception, on doit trouver dans les deux instances la réunion de ces trois conditions, identité d'objets, identité de cause, identité de personnes : « Cum quæritur hæc exceptio noceat necne? inspiciendum est, an idem corpus sit, quantitas eadem, idem jus; et an eadem causa petendi, et eadem conditio personarum; quæ nisi omnia concurrunt, alia res est (LL. 12, 13, 14 PR. *Comb. de exc. rei jud.*). »

Mais avant d'examiner séparément chacun de ces points, identité d'objets, identité de cause, identité de personnes, il faut dire quels sont les jugements auxquels la loi accorde l'autorité de la chose jugée.

SECTION PREMIÈRE.

DES JUGEMENTS QUI PASSENT EN FORCE DE CHOSE JUGÉE.

L'autorité de la chose jugée est, avons-nous dit, la sauvegarde de la loi et la garantie de son exécution; il faut, dès lors, établir en principe que cette autorité appartient à toutes les décisions des pouvoirs auxquels la loi reconnaît le droit de juger. Ainsi les sentences arbitrales, revêtues de l'ordonnance d'exequatur, les jugements des juges de paix, des tribunaux de commerce, peuvent passer en force de chose jugée, comme ceux des tribunaux civils et criminels.

Il en est de même des décisions rendues par les conseils de préfecture, la cour des comptes, le conseil d'Etat, en matière contentieuse, ainsi que par les ministres, les préfets et les maires dans la sphère du pouvoir juridictionnel qui leur est conféré.

L'autorité de la chose jugée appartient aussi, sans aucun doute, aux décisions des conseils disciplinaires, des officialités ecclésiastiques, des commissions ou juridictions spéciales (1); par exemple, celles instituées par la loi du 16 septembre 1807 en matière de desséchement; par celle du 27 avril 1825 pour la liquidation de l'indemnité des émigrés. Ces tribunaux extraordinaires participent au droit de juger, et lorsqu'ils l'exercent dans la limite des principes fondamentaux des lois qui les ont institués, ils font partie du pouvoir judiciaire et peuvent réclamer les garanties qui sont données à ce pouvoir. Les règles sont les mêmes, aussi, dans le cours de cet exposé, et afin d'éviter toute espèce d'obscurité, il ne sera plus question que des tribunaux ordinaires et de leurs sentences.

Mais s'il est indifférent, au point de vue de la chose jugée, d'examiner le nom et les fonctions du juge qui a rendu la décision à laquelle on veut donner cette autorité, il est fort important d'examiner cette décision elle-même, car toutes les décisions rendues par les tribunaux ne passent pas en force de chose jugée, quelques-unes même n'en sont pas susceptibles.

« Pour qu'un jugement, dit Pothier, ait l'autorité de la

____

(1) Ordonn. du cons. d'Etat, 11 juin 1817 et 22 août 1834.

chose jugée, et même pour qu'il puisse en avoir le nom, il faut que ce soit un jugement définitif, qui contienne ou une condamnation ou un congé de demande : « Res judicata dicitur quæ finem controversiarum pronuntiatione judicis accipit , quod vel condemnatione , vel absolutione contingit (1). »

Cette règle enlève donc l'autorité de la chose jugée aux décisions qui n'ont d'autres influences sur le litige qu'en ce qu'elles préparent la sentence définitive ou ordonnent des mesures provisoires ou de simple conservation.

Cette catégorie de jugements comprend :

1° Les jugements provisionnels, c'est-à-dire les jugements qui, provisoirement exécutoires , sont susceptibles d'être réformés, non-seulement par voie d'appel, mais encore par les juges qui les ont rendus. Ces jugements sont des jugements inspirés par les circonstances. Ces circonstances changeant, il est logique qu'ils soient rétractés (2).

Tels sont les jugements qui accordent une pension alimentaire (Paris, 1er décembre 1832) et les ordonnances de référé.

2° Les jugements préparatoires, simples jugements d'instruction qui n'ont aucune influence, pas même celle d'un préjugé, sur la décision définitive qu'ils ont pour but de préparer.

Sur ces deux points, la doctrine et la jurisprudence ont admis la même solution (3).

(1) On lit également dans les anciens usages d'Artois :

39. — Li jugement n'est mie, s'il ne porte absolution ou condempnement, car jugement est définitivement de querie, si comme dist la loy.

40. — Et est sentence définitive qui détermine principale question et doit contenir absolution ou condempnation, ou autrement ne vaut rien. (Cout. d'Artois, édit. Maillart.)

(2) C. 27 février 1812, 26 juin 1816. (S. C. N.)

(3) Merlin , Questions de droit, première ch. jugée, § 1er; Toullier,

Quant aux jugements interlocutoires, la jurisprudence leur
a refusé également, d'une manière constante et unanime,
l'autorité de la chose jugée. L'interlocutoire, a-t-on dit, ne
lie pas le juge : « Licet judici ab interlocutorio discedere; »
maxime qui souvent est l'unique motif donné par les arrêts (1). Plusieurs auteurs, parmi lesquels on compte Merlin, Favard, Poncet, Thomine Desmazures, Toullier et Zachariæ, ont partagé l'avis des tribunaux. Néanmoins d'autres
auteurs non moins célèbres ont repoussé cette doctrine d'une
manière absolue. Il est de l'essence, a-t-on dit, des jugements interlocutoires d'établir un préjugé. Ce préjugé doit
exercer une influence nécessaire sur le fond du litige, puisque l'on permet à la partie d'en former appel sans attendre
la décision définitive.

Dans l'opinion contraire, on invoque l'avis de Pothier (2)
et les décisions formelles des lois romaines, qui permettent
de revenir sur toutes les décisions interlocutoires : Quod jus-
sit vetuit ve prætor, contrario imperio tollere et repetere
licet, de sententiis contra (L. 14, *ff. De re jud.*).

Les jugements interlocutoires, ajoute-t-on encore, ne sont
que des avant-faire-droit, et cette expression indique qu'ils
n'ont pas pour objet de prononcer même indirectement sur
le fond du litige qui semble réservé. Il le préjuge, il est vrai;

t. XIII, n° 452; M. Dur., t. XIII, n° 452; C. C., 18 déc. 1821; —
18 mai 1808 (S. C. N.). L. 19, § 2, ff. De receptis qui arbitr.

(1). *Voy.* not., arrêts des 10 février et 13 juillet 1829. (S. C. N.)

(2) Pothier, obligations n° 850. — Sur les Pandectes, tit. De re judicata, n° 13, il s'exprime dans les termes suivants : Hæc præcipua inter
sententiam definitivam et interlocutionem observanda est differentia. Ni-
mirum interlocutio est pronuntiatio judicis, quæ ad litis progressum spec-
tat ; cum igitur judex qui eam pronuntiavit, pergat esse judex ; eam
melius consultus mutare potest. Contra sententia definitiva est ea qua
per condemnationem aut absolutionem causa finitur; unde cum ea judicis
officium finiatur retractari ab eo non potest.

La loi 19, § 1er, ff. De rec. qui arbit., contient le même principe : Di-
cere autem sententiam existimamus eum qui ea merite quid pronun-
ciat ut secundum id discedere eosà tota controversia velit.

mais un préjugé n'est pas un jugement, c'est-à-dire une décision formelle. Ce n'est qu'un moyen de pressentir l'opinion du juge sur le point en litige, opinion qui peut encore changer, puisqu'il ne l'a pas formulé dans une sentence portant absolution ou condamnation.

On peut en appeler, sans doute, avant le jugement définitif; mais il n'y a rien, dans ce droit, de contraire au principe Licet judici... Cet appel n'est pas obligatoire (1), en ce sens qu'en appelant du jugement définitif on pourra encore appeler du jugement interlocutoire, et si la loi permet l'appel immédiat, c'est parce qu'il y a déjà pour la partie un juste motif de craindre que le tribunal n'échappe point à la préoccupation qu'il a manifestée. Telle est la seule conclusion que l'on puisse tirer de ce droit d'appel, accordé par l'art. 451 du cod. proc.

« C'est une chimère, est-il dit dans un arrêt de la cour de Nancy, de supposer qu'un jugement puisse être définitif sur le point de droit, lorsqu'il n'est qu'interlocutoire sur le point de fait; d'autant que le point de droit n'étant que la raison de décider, et non la matière immédiate du jugement, il n'est pas susceptible d'une décision séparée, mais qu'il n'acquiert la force et l'autorité de la chose jugée que par son application à la demande qui fait la matière du litige, et par la décision définitivement portée sur cette demande (2). »

De cette doctrine on a tiré deux conclusions également fondées.

La première, c'est que les juges, après une enquête qui établit les faits déclarés précédemment pertinents et admissibles, peuvent, dans le jugement définitif, les repousser comme insuffisants.

La seconde, c'est que, après avoir ordonné une enquête ou une expertise, le tribunal peut lui-même rapporter son juge-

______

(1) Jurisp. const.
(2) *Voy.* S. Coll. nouv., C. C., 14 juillet 1818.

ment et statuer sans attendre le résultat de l'enquête ou de l'expertise; ce n'est là qu'un corollaire de la première conséquence. On ne saurait forcer le juge d'attendre une justification qui ne le lierait point, si elle lui était faite, et dont il pourrait même alors ne tenir aucun compte (1).

Cette solution n'a rien qui doive surprendre. Tant que le procès n'est pas terminé, tant que le *juge n'a prononcé ni condamnation ni absolution*, aucun des intérêts des parties ne peut être compromis. Pourquoi le lier par une mesure d'instruction qu'il a ordonnée pour s'éclairer? Pourquoi rendre sa décision immuable quand elle n'est encore que le résultat d'un examen partiel et incomplet des moyens de la cause? Cette indépendance convient au devoir et à la conscience du juge; elle lui permet de revenir sur des impressions peut-être un peu hâtives. Qui tard juge, bien juge, a dit Loysel; au point de vue d'une bonne administration de la justice, il est donc juste de refuser aux jugements interlocutoires l'autorité de la chose jugée : Non vox omnis judicis, judicati obtinet auctoritatem (L. 7, C. *De sent. et interl.*).

Il est encore d'autres décisions émanées des pouvoirs judiciaires qui ne sont pas susceptibles de passer en force de chose jugée; ce sont les *jugements homologatifs*, tels que ceux qui prononcent l'adoption, approuvent les délibérations des conseils de famille, autorisent l'aliénation d'un immeuble dotal, etc.

Dans ces cas, les attributions des tribunaux sont plutôt des délégations de l'*imperium* que des dépendances de la juridiction, ou, selon l'expression actuellement reçue, des actes de juridiction gracieuse plutôt que des actes de juridiction contentieuse.

Dans les actes de juridiction gracieuse, le juge intervient sur une demande qui, soit par sa nature, soit d'après l'état des choses, n'est pas susceptible de contradiction de la part

______

(1) C. c., 9 avril 1833, 27 décembre 1810, 13 avril 1831.

des parties. Aussi Pothier (*ad Pand.*, liv. II, tit. I, n° 8) définit-il cette juridiction, celle *quæ in volentes exercetur.* Toute espèce de contradiction arrêterait l'intervention de la justice; car le caractère de la décision n'est point d'être attributif ni déclaratif de droit. Ce n'est qu'une sorte de constatation solennelle d'un contrat intervenu entre les parties. Aussi Dunod n'hésitait-il pas à dire : « Les actes de juridiction vo- « lontaire peuvent être révoqués par le tribunal même qui « les a faits, lorsqu'il est mieux informé et qu'on procède « devant lui par la voie contentieuse. » (*Traité de l'aliénation des biens d'église*, page 22.)

Néanmoins quelques doutes se sont élevés relativement à l'adoption ; on a prétendu que le jugement, et l'arrêt qui prononçaient l'adoption étaient susceptibles de passer en force de chose jugée, parce que les magistrats, en permettant l'adoption, avaient dû examiner si les conditions exigées par la loi se trouvaient remplies.

Mais ce système a été repoussé par la cour de cassation dans son arrêt du 22 novembre 1825 (S. Coll. nouv.).

« Attendu, y est-il dit, que l'exception de la chose jugée « ne peut résulter d'un acte de juridiction volontaire ou « gracieuse intervenu *inter volentes*, et par conséquent être « opposée aux tiers pour empêcher de prononcer *inter no-* « *lentes* sur la question de la validité de l'acte toujours sus- « ceptible d'être querellé par ceux qui se trouvent intéressés « à le faire annuler. »

Lorsqu'en effet on attaque une adoption, on ne s'adresse point à l'arrêt qui a mis le sceau au contrat personnel passé devant le juge de paix entre l'adoptant et l'adopté. C'est ce contrat lui-même qu'on attaque et que l'on prétend atteint, de quelque nullité. L'arrêt homologatif ne l'a pas déclaré valable, il n'y avait pas de contestation sur ce point; il l'a supposé tel, et rien de plus. Selon l'expression de d'Aguesseau (26° plaid.). « la confirmation peut rendre le titre plus authentique, plus inviolable, mais ne peut rien ajouter à sa validité (1). »

A cette classe de jugements se rattachent les *jugements dits d'expédients*.

Ces jugements ne sont pas l'œuvre du juge, mais celle des parties. Ce ne sont que des jugements conventionnels, soumis dès lors à tous les vices des conventions auxquelles ils se réfèrent. L'autorité de la justice qu'on fait intervenir dans ces conventions les rend coactives et exécutoires, mais n'en détruit pas l'origine. Les jugements d'expédients ne sont, en réalité, que des transactions plus solennelles que si elles étaient constatées par actes sous seing privé, mais la solennité de l'acte n'en assure pas la validité, d'autant plus que les juges n'avaient pas à s'en occuper en présence de l'adhésion des deux parties.

Les jugements d'expédients ne pourront donc acquérir force de chose jugée que dans les cas où la loi accorde cette autorité aux transactions; il faudra par conséquent, qu'ils aient été passés entre personnes capables et sur des matières susceptibles de compromis. On ne saurait permettre, sous l'apparence d'un procès dérisoire, ou de sacrifier les intérêts des incapables, ou de faire sanctionner par la justice des transactions contraires à l'ordre public. Pour faire annuler un jugement de cette nature, il ne sera donc pas nécessaire d'employer ni la voie d'appel ni celles de requête civile ou de cassation, il suffira d'employer les voies auxquelles on aurait recours pour faire prononcer la nullité d'une convention, c'est-à-dire une simple demande en nullité (2).

---

(1) Merlin, Questions de droit, *V*. Adoption, § 11 ; — Grenier, Adoption, n° 22; — Proudhon, Personnes, t. II, p. 270; — Delv., t. Ier, p. 418; — Odilon-Barrot, Encyc. du droit, *V*. Adoption, n° 83; — Nancy, 13 juin 1826; — Paris, 20 avril 1830.

On peut varier, peut-être, sur les moyens employés pour faire annuler l'adoption, mais on refuse généralement l'autorité de la chose jugée à l'arrêt homologatif.

(2) Poncet, Jugements, p. 27 et suiv.; — Merlin, Questions de droit,

Telles sont les décisions émanées des pouvoirs chargés de rendre la justice, qui ne sont pas susceptibles de passer en force de chose jugée... Cette autorité, nous pouvons le dire dès maintenant, n'appartient qu'aux jugements définitifs sur des difficultés contentieuses.

Tout jugement, même définitif, n'acquiert cependant pas l'autorité de la chose jugée. « Les sentences et jugements, est-il dit dans l'ordonnance de 1667 (titre 27, art. 51), qui doivent passer en force de chose jugée, sont ceux rendus en dernier ressort et dont il n'y a pas appel, ou dont l'appel n'est pas recevable, soit que les parties y eussent formellement acquiescé ou qu'elles n'en eussent interjeté appel dans le temps où l'appel est déclaré péri. »

A cette liste de jugements énumérés dans l'ordonnance (dont les dispositions conformes aux principes sont encore suivies aujourd'hui), il faut ajouter les jugements rendus dans les affaires où les parties avaient, par avance, renoncé au droit d'appeler (1). Cette sorte de compromis est un véritable acquiescement donné par anticipation au jugement à intervenir, acquiescement qui oblige les parties et les rend irrecevables à former appel : « Si quis ante sententias professus fuerit se a judice non provocaturum, indubitate provo-

V. Appel, § 1er, nos 4, 5, 6 ; arrêt du parlement d'Aix du 23 février 1775. (Journal du parlement de Provence, t. 1re, p. 16.)

D'Argentré, sur l'art. 265 de l'ancienne coutume de Bretagne, chapitre XIII, n° 28, disait également :

Cum lites transactionibus finiuntur etsi homologari solent in curiis, tamen non propterea regrediuntur in contentiosas ; ideoque cum rescindatur ex causis juris, nihil profuerit homologationem allegare quæ nihil addit ad vim transactionis et eadem opera rescinditur nec majore negotio..... quæ valde notanda sunt, nec omnibus obvia, et tamen utilissima ad usum et frequentia. Ergo ex illa causa cognitionis applicatione illud evenit ut judex idem aut aliud melius informatus et melioribus de causis ipse suum decretum revocet.

(1) L. 24 août 1790 ; — Toullier, t. X, 98 ; — Merlin, Questions de droit, V. Appel, § 7.

candi auxilium perdidit (L. 1, § 35, ff. *Quibus appell. non licet*). »

L'ordonnance, et Pothier d'après elle, réunissent aux jugements en dernier ressort ceux dont l'appel n'est pas encore formé, bien que l'on soit encore dans les délais utiles, « parce que, dit Pothier, tant qu'il n'y a pas encore d'appel, ils ont, de même que ceux rendus en dernier ressort, une espèce d'autorité de chose jugée qui donne à la partie en faveur de qui ils ont été rendus le droit de poursuivre l'exécution, et forme une espèce de présomption, juris et de jure, qui exclut la partie contre qui ils ont été rendus, de pouvoir rien proposer contre, tant qu'il n'y a pas d'appel interjeté ; mais cette autorité et la présomption qui en résulte ne sont que momentanées et sont détruites aussitôt qu'il y a appel interjeté. »

Néanmoins, il faut le dire, cette autorité de la chose jugée est bien précaire, puisqu'il suffit d'un acte de la partie pour la réduire à néant. Aussi les divers articles du code civil, qui font allusion aux jugements passés en force de chose jugée, ne parlent-ils que de sentences rendues en dernier ressort, contre lesquelles on ne peut plus employer les voies ordinaires de recours. C'est ce qui résulte notamment des termes formels des art. 2052, 2056, 2157, 2215 cod. civ. (*V.* art. 562, 469 cod. de proc. civ.)

Quant aux jugements définitifs par défaut, ils ne peuvent passer en force de chose jugée qu'après l'expiration des délais, pour former opposition et appel, lorsque cette voie est permise.

L'autorité de la chose jugée n'appartient donc en réalité, immédiatement après le prononcé de la sentence, qu'aux arrêts définitifs des cours souveraines et aux jugements en dernier ressort. Suivant l'expression de M. Duranton (t. XIII, n° 456), « on ne peut dire avec exactitude d'un jugement qu'il est passé en force de chose jugée tant qu'il est susceptible d'être réformé par une des voies légales ordinaires, c'est-

à-dire l'opposition ou l'appel, mais bien seulement d'un juge
ment irréformable par les voies ordinaires. »

Les voies extraordinaires permises contre les jugements et
arrêts n'enlèvent point aux décisions judiciaires l'autorité de
la chose jugée, jusqu'au moment, du moins, où ces mesures
extraordinaires n'ont point été admises.

Ainsi, le pourvoi en cassation, qui n'est pas suspensif de
l'exécution en matière civile, ne suspend pas également les
effets de la chose jugée. Ces effets sont maintenus, même
après l'admission du pourvoi par la chambre des requêtes; ils
ne cessent qu'après la cassation de l'arrêt et pour les chefs
seulement qui ont encouru la censure de la cour suprême.

La requête civile produit des résultats analogues; jusqu'au
jugement ou arrêt qui statue définitivement sur le recours, la
décision attaquée conserve sa force exécutoire et l'autorité de
la chose jugée.

Quant à la tierce opposition, ce n'est, on le sait, qu'une
voie extraordinaire admise en faveur de ceux-là seuls qui
n'ont point été parties dans l'instance ou n'y ont pas été représentés, et à qui le jugement pourrait préjudicier; lors même
qu'elle serait admise, le jugement conserverait ses effets
vis-à-vis des parties entre lesquelles il a été rendu. Nous re-
viendrons, au reste, sur ce point dans le § 4, à propos de
l'identité des personnes.

Dans notre législation moderne, les nullités de plein droit
n'étant plus applicables aux jugements, on ne saurait admettre la doctrine des jurisconsultes romains, qui refusaient les
effets de la chose jugée aux jugements entachés de nullité,
soit pour vices de forme, soit pour violation de la loi, soit
pour incompétence (1). En France, tous les jugements peu-

____

(1) En droit romain, on distinguait les sentences injustes, quæ contra
juris data fuerit, de la sentence inique. Les premières ne produisaient
aucun effet; elles étaient nulles de plein droit sans qu'il fût besoin de les
faire réformer par aucune voie d'appel; les autres, au contraire, étaient
susceptibles de passer en force de chose jugée (L. 19, ff. De appellat.;

vent obtenir force de chose jugée, sauf à employer contre eux les voies de recours extraordinaires, telles que la voie du recours en cassation, ou de la requête civile, dans les cas où elles sont admises (1).

Cette doctrine est aujourd'hui tellement certaine, qu'il suffit de l'énoncer sans qu'il y ait besoin de la discuter. On doit néanmoins admettre une restriction, dont l'application est rare sans doute dans la pratique, mais qu'il est important de signaler.

Lorsque l'on dit : En France, les jugements ne sont pas nuls de plein droit, et peuvent passer en force de chose jugée, il faut entendre ce principe des jugements réguliers et non point de ceux qui n'auraient que la forme des jugements. Ainsi il faut dire, avec Pothier et Merlin (v. Jugement, § 1er, n° 10), « qu'un jugement ne peut passer force de chose jugée, lors-

L. 1, § 2 et 4, ff. Quæ sentent. sine; L. 32 et 27, ff. De rec. jud.; L. 2, C. Quand. provo. non est necesse; L. 1, § 2, C. Quæ sententiæ sine appell. resc.).

Au moyen âge, les praticiens avaient posé en principe que « voies de nullité n'ont lieu en France, » maxime qui signifiait uniquement qu'on ne pouvait déclarer une nullité portée par le droit romain sans prendre des lettres du prince. (Loisel., Inst. cout., L. 5, t. II, n° 5.) Cette règle, dit Lorry, ne veut dire autre chose, si ce n'est que le droit, c'est-à-dire les lois romaines, n'ont point en France une autorité assez absolue pour opérer la nullité des choses . . . . . . (Voy., dans ce sens, Lorry, sur le Traité des domaines de Lefebvre, liv. II, ch. VII; Coquille, Inst. cout., p. 7 et 8; Bretonnier, Questions alphabét., v. Benef., de rest.;—Merlin, Rep., v. Nullité.)

Cette maxime, qui parait être un des nombreux moyens mis en œuvre par les légistes pour élever le pouvoir royal, ne s'appliquait, au reste, dans toute son étendue, qu'aux jugements; car pour les contrats il existait des nullités de plein droit résultant des ordonnances ou des coutumes qu'on pouvait invoquer sans lettres du prince.

(1) Merlin, Rep., v. Nullité, § 7, n° 4; — Appel, sect. 2, § 5; — Questions de droit, v. Appel, § 9; Toullier, t. X, n° 113; Zachariæ t. V, p. 766; C. cass., 17 brumaire an XI, Brouchoven; 7 octobre 1812; Pagès (S. Col. nouv.), 21 août 1843, affaire du pénitencier de Saint-Germain. —Ordon. du conseil d'État, 16 mars 1827; Moulin du Basacle, conseil d'État.

que l'objet de la condamnation qu'il prononce est incertain ;
par exemple, s'il condamnait le défendeur à payer au demandeur tout ce qu'il doit. »

Un jugement, pour passer en force de chose jugée, doit
contenir *absolution* ou *condamnation*. Dans l'hypothèse citée
par Pothier, il n'y a ni absolution ni condamnation; une semblable décision ne peut être mise à exécution ni produire
d'action : Judicati actionem præstare non potest; dès lors, il
faut dire qu'il n'existe point de jugement et, par suite, pas de
chose jugée (1).

Il est manifeste qu'il n'en serait plus de même, si la coré-
lation des termes du jugement ou celle du jugement avec les
actes de la procédure permettait de fixer l'objet de la décision. Tel serait, par exemple, le jugement qui porterait condamnation de payer la somme indiquée dans la demande,
ou encore une condamnation dont le montant devrait être
fixé à dire d'expert ou fourni par état (2).

Le conseil d'Etat a fait, de la doctrine de Pothier et de Merlin, une application assez remarquable. Il a décidé que l'ar-
rêté d'une commission centrale établie dans une ville par un
général ennemi, n'avait pas l'autorité de la chose jugée, dans
une contestation entre un particulier et une commune, à
l'occasion d'un chemin vicinal, et pouvait être annulé par
le conseil d'Etat (5).

La cour de cassation a également décidé que l'attribution
de tous les droits à une seule branche d'héritiers, par la commission de l'indemnité des émigrés, hors la présence de

---

(1) Merlin, Rep., v. Jugement, § 1er, no 10 ; Toullier, no 133 ;
L. 59, PR. et § 1er, D. De re jud.; L. 3, C. De sent. quæ sine certa
quant.

(2) La décision serait la même, si l'objet de la condamnation était une
chose impossible. Arrêt de la cour de cass. du 29 mars 1827 (S. 27, 1,
430). L. 3, PR. et § 1er, ff. Quæ sent. sine appell.

(3) Ordonnance du conseil d'État, 20 novembre 1815. Cuaz, C. la com.
de Farges.

l'autre branche , n'emportait pas chose jugée contre celle-ci (1).

L'arrêt de la cour repose sur cette idée que l'autorité de la chose jugée ne s'applique aux décisions rendues par les juridictions spéciales et exceptionnelles qu'autant qu'elles se renferment dans la mission à elles confiée par la loi qui les a créées ; lorsqu'au contraire ces commissions statuent en dehors de la sphère de leurs attributions, elles cessent d'exercer une partie du pouvoir judiciaire, et leurs décisions restent sans effet au point de vue de la chose jugée.

La négligence des parties à se prévaloir des jugements rendus en leur faveur a amené quelques conflits judiciaires déplorables. Il est arrivé que deux jugements définitifs contradictoires ont été rendus dans deux procès identiques entre les mêmes parties. Après l'expiration des délais pour se pourvoir, en requête civile si la contrariété des décisions était involontaire, en cassation si cette contrariété était le résultat d'une délibération expresse (arrêt de la c. de cass. du 8 avril 1812, S., Coll. nouv.), on a été amené à se demander quel était celui de ces jugements qui était passé en force de chose jugée.

Merlin (Rép., *v.* ch. Jugem., § 20), n'hésite pas à considérer le silence de la partie qui ne s'est pas prévalu du premier jugement rendu en sa faveur, comme un acquiescement tacite au dernier jugement. L'exception tirée de la chose jugée n'est pas d'ordre public ; la partie qui aurait droit de l'invoquer peut y renoncer, et ce n'est pas exagérer l'interprétation d'un silence aussi prolongé que de le considérer comme une renonciation tacite aux droits reconnus par le premier jugement. C'est, en effet, ce qui a été formellement décidé par la cour de cassation le 15 pluviôse an XIII (S., Coll. nouv.).

Après avoir indiqué les jugements qui peuvent passer en

(1) Arrêt du 25 mars 1840 (Forbin). S. 40, 1, 456.

force de chose jugée, il reste à dire la partie du jugement à laquelle s'attache l'autorité de la chose jugée; en d'autres termes, la chose jugée peut-elle résulter des motifs ou seulement du dispositif des jugements?

Quelque généraux que puissent être les motifs d'un arrêt, on ne les a jamais considérés comme pouvant donner lieu à l'exception de chose jugée; c'est dans le dispositif seul que le juge statue, ordonne, c'est donc le dispositif qui seul peut passer en force de chose jugée, puisque c'est là seulement que l'on trouve une décision, condamnation ou absolution. Les motifs sont destinés à éclairer le dispositif, et la loi du 20 avril 1810, art. 7, en imposant aux juges l'obligation de motiver leurs jugements, a eu pour but unique d'avoir la preuve que le procès avait été l'objet d'un examen sérieux de la part des tribunaux. C'est pourquoi les erreurs de droit qui se trouvent dans les motifs ne peuvent donner ouverture à cassation, si le dispositif ne viole lui-même aucune loi (arrêts de la c. de cass. 8 février 1837, S., 57, 1, 804; — 26 juillet 1838, S., 38, 1, 781 ; — 29 avril 1840, S., 40, 1, 758, etc.).

Aussi, la jurisprudence sur ce point est formelle; elle a décidé que la chose jugée ne pouvait résulter des motifs seuls, lors même que des conclusions des parties avaient appelé l'attention des tribunaux sur le point de contestation expliqué dans les motifs (1). L'influence des motifs sur la chose jugée

(1) On lit, en effet, dans l'arrêt du 23 juillet 1839 (S.) :

« Attendu que le jugement du tribunal civil de Bourg du 2 mai 1826, où les demandeurs puisent une exception de chose jugée, n'a pas statué, dans son dispositif, sur la question de privilége qui a été, plus tard, débattue devant la cour royale de Lyon, et jugée par l'arrêt attaqué; — qu'il ressort, en effet, du dispositif de ce jugement, qu'il n'a statué que sur deux chefs de demande; ayant seulement pour objet un sursis et une consignation de prix;—*que, si ses motifs* présentent une discussion et une énonciation de principes sur la question de privilége, il n'en peut résulter l'autorité de la chose jugée sur ce point de droit, parce que le *dispositif* de ce jugement n'a pas fait à la cause l'application expresse de ces principes. »

est tellement minime, que, lors même qu'il y aurait entre le dispositif et les motifs une contradiction flagrante, cette contradiction n'empêcherait pas le dispositif de passer en force de chose jugée (1).

Dans le dispositif lui-même, il faut distinguer néanmoins ce qui est une décision de ce qui n'est qu'une énonciation relative à des faits ou à des questions non soumises à l'examen du tribunal. Ainsi le jugement par défaut qui accueille une demande tendant à faire produire des intérêts aux intérêts d'un capital n'a pas l'effet de la chose jugée quant à la quotité du capital, quoique ce capital soit exprimé dans le jugement (25 août 1829, Boucher ; — S., Coll. nouv.). Dans l'espèce de cet arrêt, la quotité du capital n'était déclarée qu'énonciativement. Il en eût été autrement, si cette quotité avait été indiquée comme faisant l'objet d'une décision du tribunal, lors même qu'aucune conclusion écrite ou aucune question n'eussent été posées à cet égard. Dans cette hypothèse, il y aurait lieu, aux termes de l'art. 480, n° 5 c. pr. civ., à requête civile contre le jugement qui aurait prononcé *ultra petita* ; mais, les délais de requête civile passés, on devrait appliquer la maxime *Voies de nullité n'ont lieu*, et donner au jugement force de chose jugée. On présume alors qu'il y a eu des conclusions verbales.

Toutes ces observations peuvent se résumer en cette règle : il ne peut y avoir chose jugée que pour ce qui a été l'objet de l'attention, de l'examen des juges et d'une décision de leur part : Tantum judicatum quantum litigatum. Dès que ces circonstances sont établies, on ne doit pas refuser à la décision l'autorité de la chose jugée, bien que le droit qu'elle reconnaît ne soit pas l'objet direct et principal du jugement. Ainsi, par exemple, le règlement d'ordre définitif a, vis-à-vis des parties intéressées et des débiteurs, l'autorité de la chose jugée, tant pour la collocation (objet principal) que pour le

(1) Cass., 31 décembre 1834, Jacob.

montant de la créance colloquée, capital et intérèts (c. de
cass., 9 déc. 1846, S., 47 , 1, 272). C'est, au reste, ce qui
sera plus longuement expliqué dans la section suivante.

SECTION II.

DE L'IDENTITÉ D'OBJET.

Pour invoquer avec succès l'autorité de la chose jugée, il
faut, avons-nous dit, que l'objet de la nouvelle demande soit
identique à l'objet du jugement dont on veut se prévaloir.

L'objet d'une demande est facile à déterminer. Indépen-
damment du dispositif, la procédure suivie devant nos tribunaux, l'exploit introductif d'instance, les conclusions des
parties, les points de fait et de droit posés dans les qualités
du jugement, les motifs offrent de nombreux moyens pour
fixer d'une manière précise le véritable objet d'une contestation.

Avant d'examiner les principales règles suivies en cette
matière, il est nécessaire de rappeler le principe fondamental
d'où elles découlent toutes, et qui peut se résumer ainsi :
toutes les fois que le juge, en statuant dans la première instance, a dû nécessairement statuer sur la chose demandée
dans la seconde, on peut dire avec certitude qu'il y a identité
d'objet.

Pour cela, il n'est point; en effet, absolument nécessaire
que la demande nouvelle soit la reproduction intégrale de la
première demande. L'identité d'objet existe malgré les chan-
gements matériels qui ont pu survenir à la chose depuis la
première instance. En cette matière, on ne requiert qu'une
identité *in individuo aut in genere*, et on ne tient pas compte
des modifications que la chose a subies dans sa forme, ses
qualités ou son étendue.

Ainsi, pour prendre l'exemple cité par les lois romaines,

si, dans un premier procès, on a réclamé un troupeau, on ne
saurait être admis à intenter une nouvelle action lorsque les
animaux qui composaient ce troupeau auraient été changés
en tout ou en partie:« Si petiero gregem et vel aucto, vel mi-
nuto numero gregis, iterum eumdem gregem petam obstabit mihi exceptio (L. 21, § 1). » Dans cette hypothèse, il est
clair que l'objet est le même, et que, dans la première
instance, il a été examiné par le juge, puisque, alors aussi, le
troupeau était considéré *in genere*, abstraction faite des animaux qui en faisaient partie.

Une seconde règle également professée par les jurisconsultes romains, c'est que l'identité d'objet existe quand la
nouvelle demande est la reproduction partielle de l'ancienne:
In toto pars continetur (L. 113, *ff. De reg. jur.*). « Si quis,
quum totum petisset partem petat, exceptio rei judicatæ no-
cet ; nam pars in toto est : eadem enim res accipitur, et si
pars petatur ejus quod totum petitum est, nec interest utrum
in corpore hoc quæratur, an in quantitate, vel in jure (L. 7,
ff. De exc. rei jud.). » On conçoit facilement qu'en règle générale le juge qui a statué sur la totalité d'une prétention l'a
examinée dans toutes ses parties, qu'en réglant la propriété
d'un objet il a également jugé celle des diverses fractions de
cet objet.

D'après Ulpien, il y a identité d'objet, si, dans le premier
jugement, on a décidé de la propriété d'une chose, et que le
second procès est relatif soit aux produits (L. 7, § 1 et 2),
soit aux accessoires de la chose (L. 7, Pr. et 26, § 1, *De
exc.*).

Il en serait de même, ajoute le jurisconsulte, si, après
avoir réclamé deux objets distincts, et avoir succombé, on
voulait ensuite demander l'un ou l'autre de ces objets (L. 7,
eod. tit.). Dans tous ces cas, il est clair que le procès est le
même, et que la demande nouvelle était implicitement con-
tenue dans la première.

Mais des difficultés se présentent, lorsque, après avoir succombé sur une revendication de la propriété d'un domaine, on vient en réclamer l'usufruit. Devra-t-on encore appliquer la règle : *In toto pars continetur ?*

Pothier et les anciens docteurs distinguaient, d'après les jurisconsultes romains, entre l'usufruit qu'ils appelaient *formalis*, c'est-à-dire l'usufruit proprement dit, droit séparé de la propriété, et l'usufruit qu'ils appelaient *causalis*, qui n'est autre chose que le *droit de jouir*, dépendance du droit plus général résultant de la propriété, qui dominio seu proprietati cohæreat.

Pour cet usufruit causal, dont le propriétaire du domaine jouit *jure sui dominii, non jure servitutis*, on disait qu'après avoir succombé sur la revendication on ne pouvait le réclamer dans une nouvelle instance, car c'eût été demander l'accessoire, ou plutôt une partie d'une chose sur laquelle on n'avait aucun droit (1).

Au contraire, si, dans la seconde instance, il se fût agi de l'usufruit proprement dit, de l'usufruit formalis, on soutenait que l'exception de chose jugée était inapplicable. Cet usufruit est, en effet, essentiellement distinct de la propriété : « Ususfructus non dominii est pars, sed servitus, ut via et iter ; nec falso dici totum meum esse cujus non potest ulla pars dici alterius esse (L. 25, *De verbor. signif.*). » Ce sont des droits tellement différents, qu'on ne peut dire, avec quelque apparence de raison, qu'en statuant sur la première action, c'est-à-dire sur la question de propriété, le juge a dû songer à décider la question soulevée par le second procès, c'est-à-dire la question du démembrement de la propriété.

Cette distinction des anciens docteurs est parfaitement fondée, aussi est-elle admise sans difficulté par les juriscon-

---

(1) *Voy.* Pothier, s. les Pand., tit. De exc. R. jud., § 1er, n° 6. Ce savant auteur y soutient, avec la Glosse et Barthole, que, malgré sa généralité, la L. 21, § 3, ne s'applique qu'à l'usufruit causal.

sultes modernes (1) ; elle a été étendue à tous les démenbre-
ments du droit de propriété.

Ainsi on a décidé que la perte d'un procès en revendication d'un fonds n'empêchait pas de pouvoir réclamer utile-
ment, sur ce fonds, une servitude réelle.

Les Romains divisaient, on le sait, les servitudes de passage en trois classes : la servitude de passage de l'homme
iter, la servitude de passage des bestiaux *actus*, et la servitude de passage dans toute son étendue, le chemin *via*. Bien
que Justinien paraisse établir entre ces diverses sortes de servitudes certains liens de dépendance et qu'il dise : « Qui actum
habet, et iter habet eoque uti potest etiam sine jumento. Via
est jus eundi et agendi et ambulandi ; nam et iter et actum
in se continet via (Inst., liv. II, tit. III). Néanmoins, comme
ces diverses servitudes étaient des servitudes *sui gene-
ris* (2) constituant, chacune dans leur sphère, des démembre-
ments distincts de la propriété, on décidait que celui qui
avait succombé dans la demande d'une servitude *via* pouvait
réclamer la servitude *iter* ou la servitude *actus*.

La même solution devrait être donnée, en pareil cas, dans
notre législation, pour les servitudes qui correspondent à
celles que les Romains désignaient par ces dénominations.

Ces observations ont été ramenées à cette proposition : « La
demande générale d'un droit absolu et sans bornes est tout à
fait différente de la demande spéciale d'un droit déterminé,
qui, bien qu'ayant un rapport plus ou moins direct avec le
droit absolu, n'en fait pas essentiellement partie et peut être
exercé sans son secours. »

M. le président Lasagny justifie cette proposition dans les
termes suivants : « Il est incontestable que la généralité, le
tout, l'universum jus, indéfiniment écarté, toutes ses parties
essentiellement intégrales formant elles-mêmes, au temps du

_____

(1) Toullier, Zachariæ.

(2) Iter est pars subjectiva sed non integralis actûs. (Gr. Glosse sur
a L. 11, § 5, ff. De tit.)

premier procès, cette même généralité, ce même tout, ce même universum jus, demeurent ainsi écartées sans qu'il soit besoin d'un rejet spécial de chacune d'elles ; mais il n'en est pas ainsi lorsqu'il s'agit d'un droit *généralissime,* avec lequel ont un rapport plus ou moins direct plusieurs espèces, qui, loin d'être parties essentiellement intégrales du même genre et d'en former le tout, en sont, au contraire, très-séparées et très-distinctes, dont on peut jouir, de manière que l'un ne soit pas compris dans l'autre : c'est alors que le jugement rendu sur l'un, et notamment sur le droit généralissime, ne juge pas toutes ces espèces différentes, dont il n'a pas été question lors du même jugement (1). Pour ne pas sortir de l'espèce du procès, il pourrait bien se faire que la défenderesse éventuelle n'eût pas réellement le droit illimité de propriété qu'elle demandait, de bâtir comme bon lui semblerait, et que cependant elle eût le droit d'adosser au mur de clôture les boutiques dont il s'agit ; dès lors, après avoir demandé le droit général illimité indéfini de propriété, elle a pu demander le droit limité déterminé spécial d'adosser au mur de clôture les boutiques en question, boutiques dont il n'avait pas été question lors de l'arrêt de 1853. Par conséquent, la seconde demande n'était pas la même que la première, d'après le principe consacré par la loi 20, ff. De exc. rei jud. : *Nec obstaturam ei exceptionem, quod non sit petitum, quod nec actor petere putasset, nec judex in judicio sensisset,* puisque *totiens eamdem rem agi quotiens apud judicem... id quæritur quod apud priorem, quæsitum est* (L. 7, ff. De exc. rei jud.); que même, en ce cas, celui qui excipe de la chose jugée peut être repoussé par la réplique du dol : Licet judice accepto cum tutore tuo egisti ; ipso tamen jure actio tutelæ sublata non est ; et ideo si rursus eumdem judicem petieris contra utilem exceptionem rei judicatæ ; SI DE SPECIE DE

______

(1) Rapport qui précède l'arrêt de la cour de cass. du 30 mars 1837. (S. 37, 1, 980.)

QUA AGIS IN JUDICIO PRIORE TRACTATUM NON ESSE ALLEGAS, NON INUTILITER REPLICATIONE DOLI MALI UTERIS. (L. 2, cod., *De jud.*)... *Sententia generalis lata super petitione, generali restringitur ope replicationis ad prosecuta tantum* (Glossa, in ead. leg.) (1).

« Pérésius, ajoute le savant magistrat, dit également : Quid ergo si separata species aliqua inveniatur quæ in judicium deducta non fuerit? Nihil obstabit, quo minus in judicium deducatur, quamvis jam antea in judicio generali sententia sit lata quod imperatores Severus et Antoninus confirmarent in lege secunda hoc titulo, dum aiunt posse actionem tutelæ ob certam speciem omissam repeti ; neque obstabit exceptio rei judicatæ quasi omnis tutela in judicium deducta fuerit, eo quod tutelæ actio sit generalis et omnes species sub se contineat, est enim in casu dictæ legis, n° 2, exceptio rei judicatæ, inutile quæ doli replicatione eliditur ; — nam dolo non caret qui speciem priore judicio omissam velit petere, quum ergo in eo judicio deducta non fuerit, neque de ea specie judex quidquam sciverit nec litigator ; recte de novi agi potest (Pérésius, in cod., *De jud.*, 19).

M. Lasagny termine en indiquant également l'opinion de Pothier, qui, après avoir rappelé la règle in toto pars continetur, ajoute : « Quod tamen hic dicitur de tignis domus, tabulis navis, capitibus gregis ita limitandum est, si tanquam partes ejus rei quæ petita fuerit petantur, alioquin recte peti possunt. »

S'il est vrai de dire que la partie est comprise dans le tout, le tout n'est pas compris dans la partie ; il semblerait donc logique d'admettre, avec Toullier (2), que la chose jugée, relativement à la partie, est sans effet à l'égard de la chose entière.

Ce système paraît bien extraordinaire ; s'il a été jugé que le demandeur n'avait pas le droit d'élever sa maison de

(1) C. cass., arrêt du 21 avril 1836, dans le même sens. L. 9, pr., ff. *De exc. rei jud.*

(2) T. X, n° 155.

10 mètres contre un voisin qui a sur son fonds une servitude *altius non tollendi* , comment pourrait-il prétendre qu'il peut rehausser de 20 mètres, sous le prétexte que le premier jugement n'a statué que sur une partie de sa réclamation. On lui répondrait, avec raison, d'après le jurisconsulte romain : *Cum aliter superior pars jure haberi non possit, quam si inferior quoque jure habeatur* (1).

Ce qui revient à dire que celui qui a été jugé n'avoir pas droit à une partie de la chose demandée a été jugé, à plus forte raison, n'avoir pas droit à la totalité de cette chose; car il ne peut avoir droit au tout sans avoir, par cela même, droit à la partie qu'il avait d'abord demandée (2). Principe incontestable que l'on ne doit pas craindre d'appliquer, toutes les fois que, dans la première instance, il s'est agi de droits qui font essentiellement partie du droit général réclamé dans le second procès, mais aussi qu'on devra repousser lorsqu'il s'agira de droits distincts bien différents dans leur nature. Ainsi, après avoir réclamé l'usufruit, on pourra réclamer la pleine propriété ; après avoir demandé une servitude, on pourra demander soit l'usufruit, soit la propriété.

Il en serait de même pour les servitudes entre elles, et il ne faut pas hésiter d'admettre la décision d'Ulpien dans la L. 11, § 6, De exc. rei jud. « Si quis iter petierit deinde actum petat, puto fortius defendendum , aliud videri tunc petitum aliud nunc ; atque ideo exceptionem rei judicatæ cessare (3). »

Mais, au contraire, on ne pourrait, après avoir demandé l'usage d'un fonds, réclamer l'usufruit, parce qu'on ne peut avoir l'usufruit sans avoir l'émolument du droit d'usage.

---

(1) L. 26, ff. De exc. R. jud.

(2) L. 3, ff. De exc. R. J.; L. 7, § 4, eodem tit. — C., 20 décembre 1830, Toulouse, 24 décembre 1842 (Saint-Léonard).

(3) Pothier, n° 894, Toullier, 153, Zachariæ. n° 783

Ces principes posés, il reste à en présenter quelques applications.

La première, et une des plus fréquentes, c'est celle qui, se fondant sur les différences complètes existant entre la possession et le droit de propriété, ne permet pas d'opposer le jugement rendu au possessoire comme constituant chose jugée au pétitoire. C'est la décision formelle de la loi 14, § 3, ff. De exc. rei jud., et des art. 23, 27 du cod. de pr.

La possession est de fait, la propriété est de droit; l'objet des deux instances n'est donc pas le même. Aussi les jurisconsultes romains, poussant ce principe dans ses dernières conséquences, admettaient l'action possessoire après l'exercice de l'action pétitoire. Le code de procédure en a disposé autrement (art. 26, cod. de pr.), non par application de la chose jngée, mais par ce seul motif que celui qui a d'abord agi au pétitoire est censé avoir reconnu la possession de son adversaire. Il ne peut plus entamer une nouvelle action possessoire qu'en invoquant une possession nouvelle qui lui donne des droits nouveaux postérieurs au jugement.

Le rejet d'une demande d'intérêts ne pouvait non plus, en droit romain, donner lieu à une exception de chose jugée pour la demande dn capital lui-même (loi 23, De exc. rei jud.) (1). Les jurisconsultes romains admettaient cette doctrine dans toute sa généralité, et on en conçoit facilement la raison : à Rome, où les jugements n'étaient pas motivés, où il n'y avait ni qualités ni conclusions, il eût été difficile de connaître le motif du rejet de la demande. Etait-ce parce que les intérêts n'étaient pas dus, ou parce qu'ils avaient été payés, ou parce que le capital lui-même n'était pas dû? c'est ce qu'il était impossible de déterminer.

Mais, en droit français, on ne saurait admettre le principe de la L. 23, De exc. rei jud., sans distinction. Cette incer-

____

(1) Si in judicio actum sit, usuræque solæ petitæ sint, non est verendum ne noçeat rei judicatæ exceptio circa sortis petitionem.

titude sur le motif qui, fait repousser la demande n'est guère possible ; le dispositif, les qualités, les motifs montrent facilement si la question du capital a été examinée et décidée par les juges (1). C'est toujours une conséquence de la règle : Tantum judicatum quantum litigatum. La loi romaine ne serait donc applicable que dans le cas où la demande d'intérêts aurait été repoussée sans aucune appréciation de l'existence de la dette, ou encore si la décision des juges pouvait laisser quelque doute à cet égard.

En sens inverse, si le demandeur avait obtenu des intérêts dans une première instance, il ne serait plus possible, sous le code civil comme sous les lois romaines, de soulever un nouveau débat sur l'existence de la dette elle-même. Il n'est pas possible, d'une part, que des intérêts soient dus, s'il n'existe pas de capital de la dette, et, d'autre part, les juges ne peuvent les adjuger sans s'assurer de l'existence de cette dette.

Cette solution se rattache à ce principe, déjà signalé, que l'identité d'objet existe, lors même que la nouvelle prétention n'est pas condamnée en termes formels dans le jugement rendu dans la première instance. Il suffit qu'elle ait été implicitement jugée, et qu'il n'y ait aucun doute sur la question de savoir si le juge a dû l'examiner lors du premier procès. Ainsi on a décidé qu'en ordonnant le payement d'une rente ancienne on a implicitement jugé que cette rente n'était pas féodale et qu'on ne pouvait, dès lors, l'abolir comme telle par un jugement ultérieur (C. C., 13 thermidor an VII) (2).

Le moyen tiré de la féodalité étant d'ordre public et devant être suppléé d'office par les juges, la cour a pensé que la

(1) Merlin, Rep., v. Ch. jugée, § 17.

(2) Conf., C. C., 25 pluv. an II, — 21 oct. 1812,—13 février 1827, —7 août 1827; —Bourges, 15 février 1815 ; —Caen, 11 août 1828; — Bordeaux, 23 déc. 1831.

condamnation au payement des arrérages emportait virtuellement et nécessairement le rejet de ce moyen. Mais il faudrait se garder d'étendre cette règle au delà de ce qui serait le corollaire nécessaire du premier jugement, et de perdre de vue qu'il ne peut y avoir chose jugée qu'après examen et décision du juge.

Aussi a-t-on décidé avec raison qu'un jugement qui n'avait pas statué sur une demande reconventionnelle ne l'avait pas, par cela même, rejetée, et par suite ne pouvait servir de base à l'exception de chose jugée (C. C., 19 mars 1835; S., 35, 1, 186).

Vainement on alléguait, dans l'espèce de cet arrêt, que la demande reconventionnelle, étant une sorte d'exception à la demande principale, devait être rejetée virtuellement par cela seul qu'on avait accueilli cette demande.

Cette objection eût été fondée, si la demande reconventionnelle était une exception semblable aux exceptions dilatoire, déclinatoire ou personnelle, qui, devant être présentées accessoirement au procès, sont nécessairement rejetées par cela seul qu'on a fait droit sur la demande principale. Mais la demande reconventionnelle, si elle est présentée accessoirement à une autre demande et par forme d'exception, n'en est pas moins une demande distincte, séparée, et qui peut faire l'objet d'une action principale. On ne peut donc conclure du silence du jugement le rejet implicite de la demande reconventionnelle; il est infiniment plus naturel de penser qu'elle n'a pas fait l'objet de l'examen et de la décision du tribunal.

De même, et dans les questions soulevées par les demandes en collocation dans les ordres, on ne peut dire que le jugement uniquement relatif à la légitimité d'une créance hypothécaire ait rien statué sur la question de priorité à l'égard des créanciers contestants. La question de légitimité ne renferme point nécessairement la question de collocation et ne la résout ni expressément ni virtuellement (1), tandis, au contraire, que le jugement qui statue sur la priorité décide la question de la légitimité de la créance. Une créance ne peut être colloquée sans être légitime.

Mais le jugement qui aurait réglé le rang des créanciers dans un ordre n'aurait point entre eux force de chose jugée dans un autre ordre qui s'ouvrirait ensuite pour la distribution du prix d'un autre immeuble, quoique appartenant au même débiteur (2). L'objet de la demande, dans chaque ordre, ne peut être que la somme à distribuer, c'est-à-dire le montant de l'adjudication de chaque immeuble. L'identité d'objets n'existe donc pas du moment où il s'agit d'ordres différents. Il en résultera peut-être des contradictions fâcheuses pour l'autorité des tribunaux; mais cet inconvénient reste sans remède; on se trouve en dehors des cas où la loi permet d'invoquer l'exception de chose jugée.

SECTION III.

DE L'IDENTITÉ DE CAUSE.

Pour que, dans deux procès, le litige soit le même, il ne suffit pas qu'ils aient le même objet et les mêmes parties, il faut encore que la nouvelle action soit fondée sur la même cause que la première.

Mais qu'entend-on par cause en matière de chose jugée? en d'autres termes, qu'est-ce que la cause d'une demande?

Si l'on consulte, à cet égard, les jurisconsultes romains, on voit que l'identité de cause peut exister, lors même qu'on emploie, dans les deux instances, des actions différentes : « De

______

(1) C. c., 1er mai 1815. Varnier.
(2) C. c., 4 juillet 1815. — 15 décembre 1820. — 1er août 1839 (Osmont). — Bourges, 4 juin 1825 (Rollin). — C. c., 31 mars 1851. (D. 51. 1, 65.)

eadem re agere videtur et qui non eadem ratione agat qua ab initio agebat, sed etiam si alia experiatur, de eadem tamen re (L. V, ff. *De exc. rei jud.*).—Exceptio rei judicatæ obstat quotiens inter easdem personas, eadem quæstio revocatur, vel alio genere judicii (L. 17, § 4 ff.). »

Neratius dit également : « Cum de hoc, an eadem res est, quæritur hæc spectanda sunt; personæ; idipsum de quo agitur : *causa proxima actionis;* nec jam interest, qua ratione quis eam causam existimasset, perinde ac si quis posteaquam contra eum judicatum esset, nova instrumenta causæ suæ reperisset (L. 27, ff., eod. tit.) »

Dans le quasi-contrat judiciaire comme dans les contrats ordinaires, la cause n'est donc pas le but que se proposent les parties, l'intention secrète qu'elles peuvent avoir. Si dans une première instance vous avez demandé l'abaissement du niveau des eaux d'un étang, afin de faciliter l'écoulement des eaux du vôtre qui est supérieur, vous ne pouvez, dans une seconde instance, renouveler le débat sous le prétexte d'obtenir les moyens de pêcher. Dans les deux procès le litige est le même, le but que vous proposez d'atteindre n'empêche pas que le juge n'ait à décider la même question : Eadem quæstio vertitur (1).

La question du procès n'est pas changée davantage par les preuves que l'on peut apporter à l'appui d'une prétention. L'acte, l'interrogatoire sur faits et articles justifient la cause de la demande, mais ne la constituent pas.

Si la cause d'une demande n'est ni l'action, ni les preuves, ni le but, qu'est-elle donc?

On a donné beaucoup de définitions de la cause. Cujas la définit celle *quæ est peculiaris et propria actionis.* Plus loin il la qualifie *titulus controversiæ* (2). On lit également dans la

____

(1) C. c., 6 avril 1831. (S. 32, 1, 854.)

(2) Si qui egit de falso testamento postea non prohibetur agere de injusto testamento, *quia mutatur causa quæstionis, titulus controversiæ.* (Cujas, t. IX, p. 164.)

grande Glosse : Origo petitionis et causa petitionis idem est (1).

Parmi les jurisconsultes modernes, on a dit : La cause, c'est la base spéciale de l'action, le fondement immédiat du droit réclamé, la base immédiate de la demande,

« On entend par cause, dit Zachariæ, le fait juridique qui forme le fondement direct et immédiat du droit ou du bénéfice légal que l'une des parties fait valoir par voie d'action ou d'exception. » Ses annotateurs ajoutent : « La cause de l'action ou de l'exception ne consiste pas dans le droit ou le bénéfice même qu'il s'agit de faire valoir, mais dans le principe générateur de ce droit ou bénéfice.

Ces définitions nous paraissent bonnes; elles expriment toutes, dans des termes plus ou moins énergiques, cette pensée de Nératius, qu'en matière de chose jugée on ne doit considérer que *la cause prochaine, causa proxima actionis.*

Ainsi, si je réclame mille francs prêtés par mon père, l'objet de la demande, ce sont les mille francs; la cause, c'est-à-dire le principe générateur, la base spéciale ou immédiate de la demande, le fait juridique qui forme le fondement de ma prétention, c'est le prêt fait par mon père, et rien autre chose.

Dans cet exemple, il est facile, sans doute, de déterminer la cause de l'action; mais il n'en est pas toujours de même, on rencontre les plus graves difficultés lorsqu'il s'agit de distinguer la cause prochaine, *causa proxima*, des causes éloignées, *causæ remotæ*, selon l'expression des anciens docteurs. Ces causes éloignées ne sont plus seulement des moyens de preuve, ce sont de véritables causes qui sont aussi les fondements, mais les fondements éloignés de l'action.

Un exemple fera comprendre l'intérêt de cette distinction.

---

(1) Voët dit également : Eadem petendi causa est etiam, licet non eadem agatur actione, sed alio judicii genere, an eadem quæstio ventiletur *cum eamdem causam non tam actio facit quam potius origo petitionis* (ad. Pand. liv. XLIV, t. ii, n° 4).

Lorsque la contestation porte sur la validité d'un testament, on peut demander la nullité de cet acte, soit pour un vice de formes, défaut de signatures, absence du nombre de témoins capables, soit pour défaut de consentement valable, c'est-à-dire pour suggestion, captation, faiblesse d'esprit, etc., devra-t-on considérer chacun des vices qui pourrait infecter, soit l'acte, soit le consentement, soit la capacité comme autant de causes prochaines et différentes, en conséquence permettre de fonder tour à tour de nouveaux procès

1° Sur chacun des vices de forme,

2° Sur chacune des causes qui sont susceptibles d'invalider le consentement,

3° Sur chacune des allégations d'incapacité qu'on pourrait soulever contre le testateur, les héritiers ou les légataires?

Un pareil système amènerait une série de procès ruineux, à raison du même acte, pour le soutien d'une demande identique. On voit de suite combien il est vicieux, puisqu'il permettrait à l'héritier exhérédé de faire disparaître en frais le patrimoine litigieux.

Il est donc important de distinguer avec soin les causes prochaines des actions de leurs causes éloignées ; pour cela, il est nécessaire d'entrer dans quelques détails et dire quelle est la cause prochaine dans chaque espèce d'action.

En matière réelle, les anciens jurisconsultes distinguaient et disaient : Si la revendication est générale et absolue, la cause de l'action, c'est la prétention à la propriété. On agit *quia res sua est* (gr. Glosse), d'où il suit que, une fois cette action générale jugée, on ne pouvait, si on avait succombé, réclamer de nouveau la propriété du même objet en se fondant sur une cause antérieure à l'exercice de la première action.

Si la revendication, au contraire, était fondée sur une cause particulière, par exemple, une vente accompagnée de tradition, la base de l'action, le principe générateur de la demande, ce n'était plus le *dominium*, la propriété; on agissait parce qu'on avait acheté et qu'on avait été mis en possession.

La cause prochaine était donc la vente accompagnée de tradition, ou, dans des termes plus clairs, le titre sur lequel reposait la demande. A leurs yeux, la propriété n'était plus qu'une cause secondaire, une conséquence de la cause prochaine : « Rei vindicationis causa proxima titulus (puta emptionis et venditionis una cum rei venditione) remota dominium (gr. glosse s. la L. 27, ff. *De exc. R. jud.*). »

Dans les actions *in personam* la cause prochaine était le titre en vertu duquel on réclamait l'exécution d'une obligation; telle est, en effet, la décision formelle de la L. 14, § 2, De exc. rei. jud., ainsi conçue : « Singulas obligationes singulæ causæ sequuntur, nec ulla earum alterius petitione vitiatur. » C'est dans le même sens que Pothier écrivait (n° 406): La même chose peut m'être due en vertu de plusieurs différentes causes d'obligations, et j'ai autant de créances différentes de cette nature et autant d'actions différentes contre mon débiteur qu'il y a de différentes causes d'obligations d'où elles naissent, lesquelles différentes actions renferment autant de questions différentes.

Mais, si la doctrine des glossateurs est exacte à ce point de vue, l'est-elle aussi au point de vue de la revendication générale de la propriété ? Sans doute les lois romaines décidaient, dans ce cas, qu'on ne pouvait, après avoir succombé dans une action in rem illimitée, *non expressa causa*, en intenter une nouvelle en invoquant une cause spéciale. Mais ce n'était pas parce qu'elles considéraient le dominium comme la cause prochaine de l'action; d'après elles, la question du procès ainsi intenté embrassait toutes les causes d'acquisitions antérieures au litige (1) : «At cum in rem ago, non expressa causa, ex qua rem meam esse dico , omnes causæ una petitione adprehenduntur. »

Les glossateurs confondaient, d'ailleurs, le droit qu'il s'agissait de réclamer avec le principe générateur de ce droit, ou, en d'autres termes, l'objet avec la cause. La *propriété*, le do-

____

(1) Ducaurroy. Inst., liv. **IV**, t. **XIII**, § 5.

minium, n'est pas plus une *causa proxima* qu'une *causa remota*, et il faut dire qu'en matière réelle comme en matière personnelle la cause, c'est-à-dire la base immédiate spéciale de l'action, est le titre invoqué par le demandeur. Ici nous prenons le mot titre dans le sens dans lequel il est employé dans les art. 655, 690, 1106, etc.

Ainsi, et pour résumer cette discussion, dans les procès en revendication, seront des causes différentes au point de vue de la chose jugée : l'occupation, l'invention, les successions, les donations entre-vifs, les testaments, la prescription, et les diverses espèces de contrat qui ont pour effet de transférer la propriété (1).

Dans les actions personnelles la cause sera le fait juridique qui a engendré l'obligation, c'est-à-dire le délit, le quasi-délit, la volonté de la loi, tous les contrats nommés ou innommés, gage, dépôt, commodat, prêt, etc. De chacun de ces faits producteurs d'obligations naissent des causes d'actions toutes différentes (L. 11). Voilà pour les demandes qui auraient pour objet la réclamation d'un droit de propriété ou de créance. Voyons maintenant quelle est la cause prochaine dans les actions en nullité, en résolution d'un contrat.

Demande-t-on la nullité d'un acte pour un vice de forme, le défaut de signature, par exemple? Quelle est la cause prochaine de l'action? Est-ce le défaut de signature? Evidemment non, on agit parce que l'on soutient l'acte nul pour vice de formes, et pour justifier cette nullité on invoque le défaut de signature. La nullité pour vice de formes, c'est donc le fait

______

(1) En droit français, la distinction établie par les lois 14, § 2 et 11, De exc. R. jud., entre les actions in rem intentées d'une manière générale et les actions in personam, ne peut plus avoir d'application, par suite de l'obligation imposée au demandeur par l'art. 61, cod. de proc. civ., de formuler dans l'exploit introductif d'instance l'exposé sommaire des moyens à peine de nullité. Dès lors, on ne conçoit plus d'instance où il n'y ait une cause exprimée, et on se trouve, pour les actions réelles, dans le cas prévu par la loi 11, § 2, De exc. R. jud., L. 47, ff. De hered. petit.. 1, l. 3, cod., De petit. hered.

juridique, générateur de l'action, le seul titre invoqué ; car, bien que l'inobservation des formes prescrites pour la validité de l'acte constitue des vices distincts ; tous ces vices particuliers se confondent dans le défaut de forme légale, lequel constitue seul une cause prochaine de demande, quelle que soit la circonstance spéciale, la *causa remota* qui sert à constituer cette cause prochaine ou en justifier l'existence. Dès qu'on a proposé un des vices tenant à cette catégorie, on ne pourrait donc en proposer un autre. La cause prochaine de la demande serait la même, bien que les moyens puissent être différents : « Nec jam interest qua ratione quis eam causam actionis competere sibi existimasset (L. 27, *loc. cit.*). » S'agit-il d'une demande en nullité, fondée sur le dol, la cause prochaine de la demande n'est pas le dol, c'est le défaut de consentement valable. C'est à ce titre que le contrat est nul : le dol n'est qu'une cause éloignée, un moyen, une *causa remota* qui sert à justifier la cause prochaine sans la constituer d'une manière essentielle, puisqu'il peut y avoir nullité pour défaut de consentement, lorsqu'il y a violence ou erreur.

Il en serait de même à l'égard des causes tirées du défaut de capacité des parties, l'âge, la privation des droits civils, l'extranéité, etc.

En un mot, en matière de nullités de contrat, la cause prochaine, c'est l'absence de l'un des éléments essentiels du contrat, c'est-à-dire le défaut de consentement, de capacité, d'objet ou de cause.

A cette liste il faut joindre 1° les nullités pour vices de formes, nullités indépendantes de la convention qui s'attaquent plutôt à la preuve qu'à la convention elle-même ; 2° les nullités d'ordre public résultant de l'usure, du faux, etc.

De même, dans les demandes en résolution pour inexécution d'un contrat, on dira : La cause prochaine, c'est l'inexécution ; et les causes éloignées, les divers moyens par lesquels on justifie cette inexécution.

Ces principes posés, il faut, avant de passer à leur application, rappeler que l'identité de cause existe, bien que les causes éloignées puissent être différentes; la différence seule des causes prochaines amène le changement du litige, lors même qu'on emploierait des actions différentes, « vel alio genere judicii. »

Ainsi, par exemple, le légataire avait, en droit romain, trois actions : une action personnelle, une action réelle et une action hypothécaire. Toutes ces actions, bien que différentes dans leur nature, avaient cependant la même cause, le même titre, à savoir la disposition testamentaire. Si l'on succombait sur l'une d'elles, on ne pouvait intenter l'une ou l'autre des deux autres actions. Le droit résultant du testament en faveur du demandeur avait été judiciairement apprécié; la nouvelle action n'aurait eu d'autre effet que de renouveler le débat : *Eamdem causam facit origo petitionis* (1). En droit français, ou le légataire a, selon les circonstances, ou l'action personnelle et l'action hypothécaire, ou l'action réelle et l'action hypothécaire, il faudrait, sans nul doute, appliquer la même décision.

De même, en cas de non payement du prix en matière de vente d'immeubles, le vendeur a deux actions, l'une en résolution du contrat, l'autre en payement du prix, qui conduit à l'expropriation de l'acheteur et à la vente sur saisie immobilière de l'immeuble vendu; si le vendeur poursuit en résolution de la vente et qu'il succombe, il ne saurait être admis à provoquer l'expropriation. La cause prochaine des deux demandes est la même. C'est l'inexécution du contrat. Les deux actions en résolution et en expropriation ne sont que des moyens d'exercer le droit qui lui est accordé par suite de cette inexécution.

La garantie des vices rédhibitoires fournit également une

____

(1) Idemque accidit (id est actor rei judicatæ exceptione summovendus est) si quis legatum quod actione eo testamento legatarius petierat nec obtinuerat, hypothecaria deinceps aut rei vindicatione persequi velit. (L. 76, ff. De leg., 2). Voët ad lib. XLIV, tit. II, p. 127.

application des mêmes principes. L'acheteur a deux actions, l'action résolutoire et l'action *quanti minoris*; s'il intente la première et qu'il succombe, il est manifeste qu'il ne pourra intenter la seconde, car toutes deux reposent sur le même fait, la lésion qu'a éprouvée l'acheteur, le vice qui a infecté son consentement : Telle est la décision textuelle de la L. 25, § 1, hoc tit., ainsi conçue : « Est in potestate emptoris, intra sex menses redhibitoria agere mallet, an ea quæ datur, quanti minoris homo quum veniret fuerit. Nam posterior actio etiam redhibitionem continet : si tale vitium in homine est, ut eum ob id actor empturus non fuerit. Quare vere dicetur, eum qui alterutra earum egerit, si altera postea agat, rei judicatæ exceptione summoveri. »

Mais à l'inverse, si les actions sont fondées sur des causes différentes, l'exception de chose jugée n'est plus opposable : « Si quis autem petat, est il-dit dans la loi 11, § 2, fundum suum esse quod Titius sibi tradiderit, si postea alia ex causa petat, causa adjecta, non debet summoveri exceptione. C'est dans ce sens que la cour de cassation a décidé que, si, dans une instance en revendication de propriété, on s'est vainement fondé sur la prescription, on peut ultérieurement invoquer un contrat qui aurait transmis la propriété exclusive des mêmes biens (1). La cour a pensé, avec raison, que la prescription et le contrat invoqué par la partie pour établir sa prétention à la propriété étaient des causes entièrement différentes. L'origine de la première, c'est la possession; l'origine de la seconde, la convention. Le titre invoqué dans l'une, c'est la loi; dans l'autre, la volonté des parties. Le fait juridique moteur de l'action n'est donc plus le même, et, selon l'expression de Cujas, *mutatur causa quæstionis, titulus controversiæ.*

Ce qui est vrai pour les actions réelles l'est également pour les actions personnelles; ainsi on a décidé que le rejet de la

____

(1) Cour de cass., 6 déc. 1837. (S. 38, 1, 33.)

demande d'une certaine somme réclamée à titre de dépôt n'empêchait pas qu'on ne puisse demander ensuite pareille somme à titre de prix de vente (1).

En matière d'enregistrement, la cour a jugé, d'après les mêmes principes, qu'une demande en restitution de droits perçus fondée sur l'inexistence de conventions écrites, n'avait pas la même cause qu'une seconde demande ayant également pour objet la restitution d'une partie de la somme perçue par la régie, mais fondée sur ce que, l'existence du titre étant reconnue, la perception aurait été exagérée (2).

La jurisprudence n'a point hésité davantage à appliquer aux nullités la doctrine exposée plus haut ; on peut, dans la comparaison des diverses décisions rendues en cette matière, la retrouver consacrée dans toutes ses parties. Ainsi il a été jugé qu'après avoir succombé sur une action en nullité pour vices de formes on pouvait, sans craindre l'exception de chose jugée, attaquer l'acte au fond, soit par voie d'action en rescision (3), soit par voie de nullité de l'acte lui-même (4) ; spécialement, qu'une demande en nullité de saisie immobilière pour vices de formes n'emporte pas chose jugée à l'égard de la même demande formée postérieurement, et fondée, cette fois, sur des exceptions contre l'action et le fond même du droit des créanciers saisissants (5).

Réciproquement, on a reconnu le droit de se prévaloir d'une nullité résultant d'un moyen de forme, après avoir vainement attaqué l'acte par des moyens de fonds ; ainsi le rejet d'une inscription de faux en matière de testament, ne fait pas obstacle à l'introduction d'une nouvelle instance fondée sur une nullité pour vices de formes (6). Rien n'em-

(1) C. c., 23 germ. an VI, — 15 pluv. an IX, — 21 vendém. an XI. (S. C. N.)
(2) C. c., 29 avril 1851. (S. 51, 1, 433.)
(3) Toullier, n° 167; Zachariæ.
(4) C. c., 17 mars 1813, 6 juin 1826.
(5) Bordeaux, 29 novembre 1833.
(6) C. c., 6 juin 1826; Huguenin.

pêcherait également, après s'être pourvu inutilement, pour cause de violence, erreur ou dol, d'attaquer le même contrat soit pour incapacité (1), soit pour défaut de cause (2) ou par des moyens d'ordre public tirés de l'usure (28 mars 1811, *Rép.*) d'une antidate frauduleuse pour échapper aux conséquences de la dotalité. (c. c., 18 janvier 1815).

Après avoir reconnu autant de causes prochaines que d'éléments essentiels au contrat, la jurisprudence a considéré comme causes secondaires et médiates les divers moyens de nullité qui justifient l'absence de l'un de ces éléments.

Ainsi, en matière de nullités pour vices de formes, on n'a pas permis de proposer des moyens spéciaux de nullité contre des procès-verbaux constatant un manquement à un service public, lorsque la nullité de ces procès-verbaux, déjà demandée par d'autres moyens, avait été rejetée (Ord. du conseil d'État, 3 septembre 1815) (3).

En matière d'incapacité des parties contractantes, on a également opposé l'exception de chose jugée à une demande en nullité fondée sur un excès de pouvoir du mandataire, alors que, dans une première instance, on avait soutenu que le même individu n'avait aucun pouvoir de contracter (4). Dans les deux instances, la cause prochaine de l'action, c'était l'incapacité du mandataire ; le défaut et l'excès de pouvoirs n'étaient que des moyens pour justifier cette incapacité.

Quant aux vices qui infecteraient le consentement, et pourvu que ce ne soient pas des moyens particuliers d'ordre public, nous ne doutons pas que la jurisprudence ne suive la

(1) C. c., 8 mars 1839 (S. 39, 1, 729).
(2) C. c., 28 novembre 1843 (S. 44, 1).
(3) Conf., c. c., 3 février 1818; 29 janvier 1821 (S. Coll. nouv.), Toullier, n° 166.
(4) C. c., 24 février 1835 (S. 35, 1, 179). Paris, 19 mars 1834; Caravanca.

même doctrine. Le principe admis, il est logique de le poursuivre dans toutes ses conséquences.

C'est par ce motif qu'en matière de résolution de contrat pour inexécution des conditions il faudrait repousser par l'exception de chose jugée toute demande basée sur l'inexécution d'une clause lorsqu'on aurait pu s'en prévaloir dans une précédente instance. Ainsi, par exemple, le donateur qui aurait stipulé plusieurs conditions, dont aucune n'eût été exécutée, ne serait pas reçu à demander successivement la résolution de la donation, en se fondant sur l'inexécution de chacune des conditions. Ce qui revient à dire, avec les lois 4 C. De jud. et 3 C. Sent. resc., que le demandeur doit, à l'appui de sa demande, invoquer tous les moyens propres à la justifier, comme le défendeur est tenu, de son côté, d'opposer à la demande intentée contre lui toutes les exceptions dont elle est passible ; car, après le jugement, l'un et l'autre ne pourraient renouveler le débat.

Cet exemple, pris de la donation, nous conduit à examiner, à l'égard de ce contrat, l'application de la doctrine sur les causes prochaines et éloignées de la demande.

Les donations sont soumises à trois causes principales de révocation : la survenance d'enfants au donateur, l'inexécution des conditions et l'ingratitude de la part du donataire. Aucun lien n'existe entre ces trois causes de révocation ; elles reposent sur des droits parfaitement distincts. Le rejet de l'une d'elles n'implique nullement le rejet de l'autre. On ne saurait dire qu'en statuant sur une demande en révocation pour survenance d'enfants le juge ait entendu statuer explicitement ni implicitement sur l'exécution des conditions ou sur des faits d'ingratitude.

La même différence de cause existe entre la demande en révocation de la donation pour l'un de ces motifs, et la demande en réduction de cette même donation. Le point de départ de ces deux demandes est bien distinct, disons même qu'ils sont incompatibles, puisque la réduction ne peut avoir lieu qu'en supposant à la donation une validité que la demande en révocation lui conteste. Ainsi l'a jugé la cour de cassation le 5 janvier 1821 , et sa doctrine est admise , sans conteste, par tous les auteurs (1).

Mais là se borne la liste des causes différentes qui peuvent amener la révocation de la donation. Ainsi, après l'avoir demandée pour refus d'aliment, le donateur ne pourrait intenter une nouvelle instance fondée sur des sévices, injures graves antérieurs à la première demande. Les deux instances auraient la même cause prochaine, l'ingratitude du donateur, justifiée, il est vrai, par des moyens différents, le refus d'aliment d'une part, et les sévices de l'autre ; mais les faits qui justifient une cause immédiate ne sont que des causes éloignées n'empêchant pas la recevabilité de l'exception de chose jugée, plus que ne le ferait dans d'autres procès la découverte de pièces nouvelles, ou le changement de but. La différence de cause réside tout entière dans la différence d'origine de la demande.

Aussi peut-il arriver que deux procès soient successivement intentés avec la même action par les mêmes personnes et relativement au même objet, sans qu'on puisse opposer dans la seconde instance l'exception de chose jugée. C'est ce que Voët indique dans les termes suivants : « E converso contingere potest ut eadem quidem moveatur actio quæ judicio priore mota fuerit, nec tamen ideo eadem petendi causa sit : veluti, si is qui rem vindicavit ac succubuit, postea acquisito dominio eamdem iterato petat, vel reus a priore judicio rei vindicationis absolutus, quia rem non possidebat : cùm deinceps possidere cœpisset, de nova rei vindicatione conveniatur (LL. 11, § 4, 14, § 1ᵉʳ, 17, 18, 25, § vel. ff. *De exc. R. jud.*, et L. 12, § 2, ff. *ad exhib.*). »

Dans le premier cas, lorsque le demandeur invoque, dans le second procès un titre nouveau, il est évident que la cause

_____

(1) Merlin, Rep., *v. Ch. jug.*, § 1 *bis ;* — Toullier, M. Duranton.

est changée et que cette cause n'a pas été appréciée par les juges, puisqu'elle résulte d'une convention postérieure à leur décision.

Dans le second cas, lorsque le défendeur à une action en revendication a été absous parce qu'il ne possédait pas, la position du demandeur semble toujours la même. C'est le même objet qu'il réclame en se fondant sur le même titre. La position du défendeur seule paraît modifiée; selon l'expression de Pothier : *Emersit nova causa propter quam possit conveniri.*

La raison de cette décision, c'est que le nouveau jugement ne pourra contredire en rien ce qui a été jugé par le premier; on n'a statué que sur une sorte de fin de non-recevoir, en laissant intacts les droits du demandeur comme ceux du défendeur. La question agitée dans les deux procès n'est donc plus la même : Non eadem quæstio vertitur.

Ce que nous venons de dire des causes résultant des conventions, on doit également l'admettre pour les causes résultant de la loi. Ainsi, après avoir revendiqué un objet en mon nom personnel, je pourrai le réclamer comme héritier de mon père. De ce que j'ai été jugé sans droit sur l'objet réclamé, il n'a point été statué sur les droits que mon père pouvait avoir. Ces droits avaient d'ailleurs une origine toute différente de ceux que j'invoquais; il ne peut donc y avoir lieu à l'exception de la chose jugée : Quia initio ita constituerunt hæ duæ obligationes, et altera in judicium deducta, altera nihilominus integra permanet (L. 18, ff. *De oblig. et act.*) (1).

Cette loi romaine n'examine pas, pour admettre cette solution, si les deux causes de demande qui sont successivement invoquées existaient déjà l'une et l'autre sur la tête du prétendant lors de la première action ; elle le suppose même ; elle repousse donc formellement la doctrine de Toullier, qui

______

(1) Les L. 3 C. De petit. heredit. et L. 25, ff. De exc. rei jud. doivent aussi être rangées dans cet ordre d'idées ; mais, comme cette matière ne tient pas seulement à la cause, mais aussi à l'identité des parties, nous nous en expliquerons plus longuement dans la section suivante.

ne permettait l'exercice successif des deux actions que lorsque la seconde cause n'avait existé, pour le demandeur, que postérieurement au rejet de la première. Ces actions, selon cet auteur, bien que séparées dans leur origine et appartenant à des personnes différentes sont , par l'effet de l'adition de l'hérédité, identifiées et confondues dans la personne devenue l'héritière de l'autre. Mais cette idée est une erreur. La con-fusion ne s'opère que par la réunion, dans une même personne, des qualités de créancier et de débiteur d'une même obligation (art. 1300). L'adition d'hérédité n'a d'autre effet que de réunir, sur la même tête, des actions qui auparavant appartenaient à des personnes différentes. Pourquoi ne pourrait-on pas les invoquer successivement? La position du demandeur n'est-elle pas la même que si les deux titres étaient des titres différents, une donation et une vente. Ce n'est pas la différence du nom des contrats qui fait la différence de cause, c'est la différence d'obligation.

C'est dire assez qu'on ne peut, dans notre législation, appliquer le brocard : *Electa una via recursus non datur ad alteram*, qui ne permettrait point, dans le cas où deux actions appartiendraient concurremment à la même personne, de revenir à l'une, après en avoir intenté l'autre. Cette maxime, qui avait été professée in extenso par Merlin (Rep., *V*. Option), d'après Fabre et Brunnemann, reposait sur un principe inadmissible, celui de la renonciation tacite à la seconde de ces actions par suite de l'exercice de la première. Une renonciation ne peut se présumer; il faut qu'elle soit formelle... L'unanimité avec laquelle cette prétendue règle a été repoussée par la doctrine et par la jurisprudence nous dispense d'entrer, à cet égard, dans plus de détails.

SECTION IV.

DE L'IDENTITÉ DES PERSONNES.

En se présentant devant les tribunaux, les parties, comme nous l'avons déjà dit, conviennent, par une sorte de compromis tacite, de reconnaître la décision des juges comme la règle de leurs prétentions et de leurs droits. Il se forme entre elles un quasi-contrat qui les obligera à respecter le jugement intervenu, mais qui ne pourrait produire d'effets vis-à-vis des tiers, dont les intérêts ne sauraient être compromis par un acte auquel ils sont restés étrangers : « Res inter alios judicatæ neque emolumentum afferre his qui judicio non interfuerunt, neque præjudicium solent irrogare (L. 2, C. Quibus res jud.). »

Mais cette règle ne doit pas être prise dans un sens trop absolu. Il ne faut pas oublier qu'elle n'est elle-même qu'un corollaire du principe : *Res inter alios acta,* que nos législateurs ont consacré dans les dispositions des art. 121, et suiv. du cod. civ., et n'entendre le mot tiers que des personnes qui n'ont figuré dans l'instance ni par elles-mêmes, ni par leurs représentants loyaux ou conventionnels.

C'est à ces deux points de vue qu'il nous faut considérer l'application de la chose jugée quant à l'identité des parties.

§ 1er. *De l'identité des parties proprement dite ou du cas où une partie a figuré personnellement dans une instance en y agissant en la même qualité.*

On entend par parties, dans un débat, celles qui y ont été appelées ou qui y ont conclu soit principalement, soit par intervention, soit par assignation en déclaration de jugement commun, en un mot, à tous ceux qui, figurant dans une instance comme demandeurs ou comme défendeurs, ont eu le droit d'y conclure soit au fond, soit sur des exceptions.

. Peu importe qu'ils aient ou non profité du droit qui leur était accordé. La décision judiciaire rendue par défaut est susceptible de passer en force de chose jugée dans les limites indiquées plus haut (1).

Cependant, en matière d'identité de personnes, ce n'est pas l'individualité physique qu'il faut considérer, mais seulement l'individualité juridique. Lorsque le jurisconsulte Neratius disait : « Cum de hoc, an eadem res quæritur, hæc spectanda sunt : *personæ*, idipsum quo agitur, causa proxima actionis, il prenait le mot *persona*, dans le sens du rôle, du personnage que chaque homme susceptible d'avoir des droits ou des devoirs est appelé à jouer sur la scène juridique ; c'est ce qu'indique Ulpien par ces mots : Cum quæritur an hæc exceptio noceat nec ne, inspiciendum est... an eadem conditio personarum (sit). Le jugement, d'après ce texte, est opposable, non pas aux individus qui ont été en cause, mais aux personnes dont la condition juridique est la même. Si cette condition juridique, ou, en d'autres termes, la qualité en vertu de laquelle on agissait vient à être changée, on n'aura pas à craindre ni à invoquer les effets de la chose jugée.

Ce changement de condition peut se présenter dans deux situations complétement distinctes. Les parties peuvent agir dans les deux procès avec des qualités différentes, ou toujours dans leur propre intérêt, ou bien dans l'un ou l'autre, dans l'intérêt d'un tiers.

1° L'identité juridique d'une partie peut disparaître,

---

(1) Aussi la cour de cassation a-t-elle décidé avec raison, qu'un jugement qui prononcerait une condamnation contre une personne ne pourrait avoir l'autorité de la chose jugée contre elle, si cette personne ne figure pas comme partie dans les qualités du jugement, et n'a même pas été assignée dans l'instance sur laquelle il a été rendu. C. c., 4 avril 1845 (S. 46, 1, 40); Conf., c. c., 16 mars 1807 (S. C. N); Ordonnance du conseil d'État, 28 mars 1838.

bien que dans les deux instances elle agisse exclusivement dans son intérêt personnel ; c'est lorsqu'elle exerce les droits des personnes dont elle est héritière. Chaque succession lui donne une qualité en vertu de laquelle elle peut avoir des droits ou obligations qui ne se confondent pas, parce qu'en réalité, dans chacune de ces situations, elle représente des personnes différentes. C'est ainsi qu'après avoir agi comme héritier de son père on peut intenter une nouvelle action soit comme héritier de sa mère (1), soit comme héritier de son oncle (2), soit enfin en invoquant des droits que l'on tiendrait de stipulations particulières. Il y a plus, dans la plupart de ces circonstances, l'identité de cause n'existerait pas ; cependant il pourrait arriver qu'il n'y eût qu'une différence de personnes.

Ainsi, dans l'espèce d'un arrêt du 3 mai 1841, deux frères avaient contracté avec certaines personnes. L'un d'eux vint à mourir, et on demanda, sans l'obtenir, la nullité du contrat, contre ses enfants, ses héritiers directs. Ceux-ci devinrent ensuite héritiers de leur oncle, et le débat fut renouvelé. La nullité de l'acte fut demandée de nouveau contre eux, en s'appuyant sur les mêmes moyens, sans qu'on pût opposer l'exception de la chose jugée, parce que l'oncle n'avait point figuré dans le premier procès.

Nous trouvons également, dans les lois romaines, des exemples où la qualité des personnes ne produit d'autre effet que d'empêcher l'identité juridique, sans porter atteinte à l'identité d'objet ou à l'identité de cause ; ainsi dans l'espèce de la L. 25, pr., ff. De exc. rei jud.

Une personne qui n'est pas encore héritière, parce qu'il existe un parent plus proche, demande la nullité d'un testament ; elle est repoussée faute de qualité. Plus tard, la renonciation du plus proche parent l'appelle à la succession ; elle

(1) C. c., 7 messidor an VII.
(2) C. c., 3 mai 1841 (S. 41, 1, 39).

peut agir de nouveau et demander la nullité du testament,
en se fondant sur les mêmes causes et les mêmes moyens
qu'elle avait d'abord invoqués (1).

2° Cette distinction de l'identité physique et de l'identité
juridique est plus marquée encore lorsque la partie agit, dans
l'un ou l'autre procès, dans l'intérêt d'un tiers ; par exemple, lorsque le tuteur, après avoir agi pour son pupille, intente un nouveau débat dans son intérêt personnel en se fondant sur la même cause et ayant le même objet. Cette situa-
tion se retrouve également dans les rapports du curateur et
de son pupille, du mari agissant au nom de sa femme ou
poursuivant l'exercice de ses droits personnels. En réalité,
lorsque le tuteur demande au nom du mineur, le mari au
nom de sa femme, ce n'est pas le tuteur, ce n'est pas le mari
qui demandent, c'est le mineur, c'est la femme qui agissent
par leur représentant. Le personnage juridique est donc changé,
bien qu'ils aient figuré dans le premier procès, lorsqu'ils viennent plus tard réclamer des droits qui leur sont propres.

Mais pourrait-on voir un changement de qualité dans l'individu qui, après avoir agi comme héritier bénéficiaire, voudrait ensuite intenter une action nouvelle comme héritier pur
et simple? L'affirmative, il faut le reconnaître, aurait de bien
graves inconvénients, puisqu'elle permettrait de revenir sans
cesse sur des droits qui auraient été l'objet d'une décision judiciaire contradictoire avec le principal intéressé. Est-il,
d'ailleurs, bien exact de dire que la qualité d'héritier bénéficiaire et celle d'héritier pur et simple soient deux qualités
distinctes. Sans doute, le bénéfice d'inventaire permet de res-
treindre les effets de la qualité d'héritier, mais cette modifi-

(1) On pourrait encore citer, comme exemples de simple changement
de personnes résultant du changement de qualité, la loi 25, § 2, et la loi 2,
ff. De exc. R. jud ; mais il nous paraît inutile d'insister sur ces cita-
tions, qui sont l'application du même principe : remarquons seulement
que cette dernière loi est relative au défaut d'identité de qualités dans la
personne du défendeur.

cation ne détruit pas cette qualité elle-même. Dans l'une et l'autre instance, s'il agit, c'est comme héritier, c'est comme représentant la personne et les droits du défunt. Ce sont ces droits qui ont fait l'objet de la décision des juges ; il ne saurait donc échapper à l'exception de chose jugée.

§ 2. A l'inverse, du moment où, en matière de chose jugée, on ne doit considérer que l'identité juridique, il arrivera que des personnes qui n'ont point figuré personnellement dans le procès seront cependant soumises à ses effets ; ce seront toutes celles qui ont été représentées dans le débat, toutes celles qui, en un mot, ne peuvent être considérées comme tiers au quasi-contrat judiciaire.

A ce point de vue, on trouve trois catégories de personnes bien distinctes :

1° Les ayants-cause, successeurs à titre universel ou à titre particulier.

2° Les personnes représentées par des mandataires légaux ou conventionnels.

3° Les personnes représentées en vertu d'une sorte de contrat de gestion d'affaire.

1° *Des ayants cause.* — Dans son sens le plus absolu, ce mot s'applique à tous ceux qui ont recueilli tout en partie des droits d'une personne. Il comprend toute succession à titre universel ou à titre particulier, à titre onéreux ou à titre gratuit, et même, le créancier chirographaire à qui l'obligation a engagé les biens de son débiteur.

L'ayant cause ne peut avoir plus de droits que son auteur ; si son auteur les a réduits, diminués, compromis par des contrats ou des quasi-contrats ; l'ayant cause est obligé d'en subir les conséquences, car il n'a pu recevoir ces droits qu'avec les modifications qu'ils avaient subies : de là le principe que, en matière de jugement, la chose jugée lie les ayants cause, dont il nous faut, du reste, donner l'énumération.

Au premier rang des personnes tenues des faits de leurs auteurs se trouve l'héritier légitime universel ou à titre universel; c'est l'ayant cause proprement dit, le continuateur de la personne juridique du défunt; profitant des droits de ce dernier, il est aussi tenu de ses obligations; par suite, il pourra invoquer les décisions judiciaires rendues au profit de son auteur, comme lui-même, pourra être écarté par l'exception de la chose jugée contre le défunt. Les légataires universels et à titre universel sont dans la même position, *quia loco heredum sunt*. Bien qu'il n'y ait plus, dans notre législation, d'héritiers testamentaires, on peut dire que en les appelant à la place des héritiers du sang, le testateur a voulu qu'ils soient aussi les continuateurs de sa personne.

La même règle doit s'appliquer, sans nul doute, aux successeurs à titre particulier : « Exceptio rei judicatæ nocebit ei qui in dominium successit ejus qui judicio expertus est. » Ce texte, conçu en des termes généraux ne doit être, toutefois, appliqué que sous certaines restrictions.

Les créanciers chirographaires sont soumis à toutes les rigueurs de ce principe. Peu importe le moment où le jugement qu'on leur oppose a été rendu; qu'il l'ait été avant ou après l'engagement, ces créanciers sont obligés d'en subir les effets. Le gage qui leur est accordé par les art. 2092 et 2093 c. civ., pour sûreté de leurs créanciers, n'est qu'un gage indéterminé qni ne leur donne aucun droit de préférence, ni aucun droit réel. Le débiteur reste maître de disposer de·ses biens et sauf le cas de l'action paulienne, ses créanciers sont tenus de respecter ses engagements; on conçoit, dès lors, la raison qui les oblige à subir les conséquences du quasi-contrat judiciaire, et les effets de la chose jugée (1). Ils se sont confiés à la bonne foi de leur débiteur; en lui laissant la libre administration et l'emploi de ses biens; ils l'ont pour ainsi dire, reconnu comme leur mandataire : *Sibi imputent qui cum tali contraxerint* (L. 1, § 5, ff., De separationibus).

(1) C. c., 13 avril 1841.

En est-il de même pour l'acheteur, le co-échangiste, le trans-actionnaire, le donataire, etc.? Doit-on appliquer également sans aucune distinction le principe de la loi 28 : « Exceptio rei judicatæ nocebit ei qui in dominium successit ejus qui judicio expertus est ?

Il ne faut pas oublier qu'en cette matière il n'existe aucune idée de mandat; si la chose jugée avec les auteurs est opposable aux ayants cause, c'est que ceux-ci n'ont pu prendre les choses que dans l'état où elles avaient été placées à l'époque de la cession qui leur a été faite. Si l'auteur, à cette époque, avait été débouté de ses prétentions sur l'immeuble ; s'il avait été obligé de reconnaître au profit d'un tiers l'existence d'un droit réel, l'acquéreur postérieur au procès est obligé d'en subir les conséquences, car son acquisition n'a pu lui donner des droits plus étendus que n'en avait son cédant : « Nullus in alium plus juris transferre potest quam ipse habet. »

Mais, si l'acquisition avait précédé le procès soutenu par l'auteur, le successeur ne se trouverait-il pas dans une position identique à celle d'un ayant cause en présence d'un contrat postérieur au sien, par lequel son cédant aurait de nouveau cédé ses droits à un tiers ou voulu resteindre les effets du premier contrat ? Ne pourrait-il pas dire : Res est inter alios acta ? Ses droits quels qu'ils soient, une fois acquis, sont indépendants de celui qui les a constitués et celui-ci n'a plus mission de les défendre ni de les compromettre pas plus en plaidant qu'en contractant; une décision contraire, exposerait trop les ayants cause à subir les effets de la mauvaise foi de leur auteur ou d'une négligence facile à comprendre, de la part d'une personne qui n'est plus principalement intéressée dans la cause (1).

Ce qui est vrai pour toute espèce de translation de la pleine

(1) Pothier (ad Pand. T. De exc. R. jud.) admettait la même règle dans les termes suivants : Quod diximus exceptionem rei judicatæ quæ autori noceret, obesse ejus successori, ita obtinet, si successit postquam contra auctorem judicatum est, si jam ante successerat.

propriété (donation, vente, dation en payement, échange, transaction, etc.) l'est également lorsqu'il s'agit de la translation d'un démembrement de la propriété, tel que l'usufruit, les servitudes, droit d'usage ou d'hypothèque. Ces aliénations partielles, unefois accomplies, ne peuvent être modifiées par le cédant ni dans un contrat ni dans un procès (1).

Mais le vendeur n'est pas l'ayant cause de son acheteur ; le jugement rendu contre lui ne pourrait donc lui être opposé : « Retro autem ab emptore ad auctorem reverti non debere, » principe général qui s'applique à tous les ayants cause dans leur rapport avec leurs auteurs, non-seulement en matière réelle, mais encore en matière personnelle. Ainsi, à ce dernier point de vue, le jugement rendu contre les créanciers d'une succession, exerçant comme tels, les droits qui en dépendent, ne pourrait avoir l'autorité de la chose jugée à l'égard des héritiers (2). De même encore, le jugement rendu entre le propriétaire et le sous-locataire d'une maison n'a point force de chose jugée contre le locataire principal qui n'y a point été partie (Paris, 30 janvier 1810), pas plus que les décisions rendues contre les locataires ne sont opposables aux propriétaires, fussent-elles rendues dans l'intérêt public (3).

La position du locataire vis-à-vis du propriétaire offre ceci de particulier, qu'il ne peut être privé du bénéfice du bail par l'acquéreur. En serait-il de même en matière de jugements ? Faut-il donner au quasi-contrat judiciaire les effets du contrat ?

L'affirmative n'est pas douteuse dans l'opinion de ceux qui ont vu dans l'art. 1744 la consécration d'un droit réel au profit du locataire ; mais, on le sait, ce système est inadmissible. Il est contraire à toute la législation comme à la

(1) L. 11, § 9, De exc. rei jud.; — L. 29, § 1er, eod. tit.

(2) C. c., 14 avril 1806 ; Toullier, t. X, n° 210 ; Zachariæ, t. V, p. 771.

(3) C. c., 3 février 1845 (D. 45, 1, 149) ; ordonn. du cons. d'État, 3 mars 1842.

jurisprudence antérieures au code, et complétement opposé à la lettre même de la loi, qui n'accorde au locataire aucune action persécutoire. Reste donc l'objection tirée de l'assimilation du quasi-contrat judiciaire et du contrat ordinaire.

Mais il est facile d'y répondre. La disposition de l'art. 1744 est une disposition toute exceptionnelle, toute dérogatoire aux principes, et qu'on ne peut étendre en dehors des contrats ordinaires. Elle repose, d'ailleurs, sur une idée complétement étrangère aux jugements; elle suppose, en effet, dans le contrat d'acquisition, une clause par laquelle l'acheteur s'est obligé à respecter les actes d'administration de son vendeur. Peut-on dire que celui qui revendique un immeuble entende reconnaître les actes du possesseur et se soumettre aux obligations qu'il s'était imposées à raison de l'immeuble litigieux ? Évidemment non; il demande l'expulsion du possesseur, à qui il ne reconnaît aucun droit. Sa prétention est donc complétement incompatible avec la présomption sur laquelle est fondée la disposition de l'art. 1744.

2° *Des personnes représentées par des mandataires légaux ou conventionnels.*

Dans les procès comme dans les contrats, le mandant est tenu directement des faits accomplis par son mandataire, dans la limite des pouvoirs qu'il lui avait conférés (art. 1998). « La chose, dit Pothier, est censée jugée entre les mêmes parties, non-seulement à l'égard des personnes qui ont été parties par elles-mêmes, mais à l'égard de celles qui ont été parties par leurs tuteurs, curateurs, ou autres légitimes administrateurs qui avaient qualité pour intenter leurs actions ou pour y défendre » (Oblig. 900). »

C'est dans ce sens qu'Ulpien disait : « Hoc jure utimur, ut ex parte actoris, in exceptione rei judicatæ, hæ personæ continerentur quæ rem in judicium deducunt. Inter hos erunt procurator cui mandatum est, tutor, curator furiosi vel pupilli, actor municipum. Ex persona autem rei, etiam defensor numerabitur : quia adversus defensorem qui agit litem in judicium deducit (L. 11, § 7, ff. *De exc. rei jud.*). »

A cette liste de personnes représentées, il faut joindre la femme dans les actions que son mari peut poursuivre en son nom. Les sociétés commerciales, les hospices, les fabriques, etc., qui sont représentés en justice, les premières par leur gérant, les seconds par leurs administrateurs.

Les syndics d'une faillite représentent également la masse des créanciers chirographaires, et le débiteur failli, lui-même, dans les procès qui ne sont pas dirigés personnellement contre celui-ci. Mais les syndics ne sont pas les représentants légaux des créanciers privilégiés (1), ni même des créanciers hypothécaires, dont les droits, indépendants du sort de la masse chirographaire, restent étrangers aux conséquences de la faillite.

De même, les communes sont représentées par leur maire, et la commune représente chacun des habitants. Ceux-ci ne peuvent donc, après décisiou passée en force de chose jugée, contre leur maire, renouveler le débat, chacun en ce qui les concerne, en fondant leurs prétentions sur un droit qui ne leur appartiendrait qu'en qualité de membres de la corporation (2). Mais il en serait autrement s'ils invoquaient des droits qui leur seraient personnels, et qu'ils posséderaient ut singuli (3), ou bien encore, s'il s'agissait d'un hameau, invoquant des titres particuliers tout différents de ceux de la la commune (4).

Les envoyés en possession, soit provisoires, soit définitifs, sont également des mandataires légaux dont les actes obligeraient l'absent. Suivant l'expression de Proudhon, l'envoi en possession est l'image de l'hérédité déféré à titre universel. Si cette translation n'est pas complète, si l'envoi en posses-

---

(1) Arrêt du 11 mars 1835 (S. 35, 1, 270).
(2) C. c., 6 juin 1811; 31 mai 1830 (S. C. N.)
(3) C. c., 2 août 1841 (S. 41, 1, 869).
(4) C. c., 19 novembre 1833 (S. 33, 1, 856).

sion est plutôt une administration très-étendue qu'un transport de propriété, l'envoyé n'en est pas moins un mandataire général dont les actes obligent l'absent (art. 152, cod. civ.).

Il est encore un autre mandataire à qui la loi accorde le droit de comparaître en justice au nom d'autrui et d'obliger ceux qu'il représente; c'est le curateur à la succession vacante, qui, aux termes de l'art. 813, exerce et poursuit les droits de la succession et répond aux demandes formées contre elle.

Ces exemples suffisent pour expliquer ce principe, qu'en matière de chose jugée le mandant s'efface pour laisser le mandataire soumis à tous les effets du jugement.

3° Des cointéressés ou des personnes représentées en vertu d'un quasi-contrat de gestion d'affaires.

En matière de contrat, il est une troisième classe de personnes qui peuvent stipuler au nom d'autrui ; ce sont les gérants d'affaires. Il en est de même en matière de chose jugée; certaines personnes unies entre elles par une communauté d'intérêts, une conformité de position, des cointéressés, en un mot, ont, dans certaines mesures, le droit de se représenter devant les tribunaux.

En principe, sans doute, l'identité d'intérêts, l'uniformité des moyens des parties ne suffit pas pour permettre d'opposer à des personnes des jugements auxquels elles auraient été étrangères. Ainsi le décide la loi 22, ff. *De exc. rei jud.* : « Si cum uno herede depositi actum sit, tamen et cum cæteris hæredibus recte agetur, nec exceptio rei judicatæ eis proderit, nam etsi eadem quæstio in omnibus judiciis vertitur, tamen personarum mutatio, cum quibus singulis suo nomine agitur, aliam atque aliam rem facit. »

« Pareillement, dit Pothier, lorsqu'un créancier a laissé plusieurs héritiers, le débiteur qui est en congé de la demande que l'un des héritiers a donnée pour sa part ne peut pas opposer ce jugement contre les demandes que les autres héritiers font de leurs parts, ce jugement étant res inter alios judicata et n'étant pas même eadem res. »

Cette doctrine, généralement admise par tous les auteurs, l'est également par la jurisprudence. Parmi les décisions rendues dans ce sens, il faut mentionner d'une manière spéciale l'arrêt de la cour de cassation du 6 thermidor an XI (S. C. N.), qui peut se ramener à ceci : lorsque entre deux prétendants droit à une même succession, il est intervenu un jugement passé en force de chose jugée qui reconnaît dans les deux parties la qualité de parents du défunt, mais la reconnaît dans l'une d'elles à un degré plus proche, il ne résulte pas de ce jugement qu'un tiers soit non recevable à revendiquer la succession, encore qu'il soit parent du défunt à un degré moins proche que celui qui a succombé dans la première action, s'il prouve que celui qui a triomphé n'était pas parent du tout.

C'est, on le voit, repousser l'application d'une maxime célèbre : Si vinco vincentem te, a fortiori te vincam, qui n'est, comme bien d'autres de ces prétendues règles, qu'un insignifiant brocard basé sur un sophisme vulgaire. Cette maxime n'est vraie que dans le cas où la chose jugée est opposable, c'est-à-dire lorsque le jugement a été rendu en présence du tiers, ou de ses représentants. Nulle part la loi n'a fait au principe de l'art. 1351 l'exception si large qu'elle supposerait ; elle est, d'ailleurs, expressément condamnée par la loi 16, ff Qui potiores (1).

A l'égard de ces personnes, il n'existe donc aucun quasi-contrat de gestion d'affaires qui leur permette de représenter leur cointéressé en justice ; mais il n'en est pas de même de tous les cointéressés. Il en est un certain nombre à qui l'on reconnaît le droit de se représenter en justice dans les limites d'un mandat *in meliorem causam*. Dans cette catégorie, l'on range généralement les nu-propriétaires et les

____

(1) **M.** Duranton, n° 522 ; — Toullier, 197.

usufruitiers, les propriétaires sous condition suspensive et les propriétaires sous condition résolutoire, les cautionnés et les fidéjusseurs, les créanciers solidaires ou indivisibles comme les débiteurs solidaires ou indivisibles, etc.

Ainsi le vendeur ou donateur sous condition suspensive a, jusqu'à l'avénement de la condition, un droit d'administration très-étendu. Il doit, *pendente conditione*, veiller à la conservation de la chose; il a donc qualité pour défendre la chose dans l'intérêt de celui à qui elle devra être livrée ou restituée, d'autant qu'il la défend plus dans son intérêt que dans celui de l'acheteur ou du donataire (1).

Mais, en revanche, si les ayants cause lui ont donné mandat tacite d'améliorer la chose qui a fait l'objet du contrat, on ne pense pas qu'ils lui aient permis de la compromettre. Il est propriétaire conditionnel, il est vrai, mais ses droits, quels qu'ils soient, sont indépendants de l'auteur; il ne saurait lui être permis d'y porter atteinte.

Ce qui est vrai dans le cas où la transmission de la propriété est faite sous condition suspensive l'est également lorsqu'elle est faite sous condition résolutoire, parce qu'alors le vendeur reste propriétaire sous condition suspensive.

On ne doit même pas s'arrêter à ces applications; il faut dire, d'une manière générale, que tout vendeur pur et simple peut, même après la vente, soutenir, à l'égard de la chose vendue, un procès qui, s'il lui était favorable, pourrait être invoqué par l'acheteur. On étendrait ainsi le quasi-contrat de gestion d'affaires, à une espèce où l'une des parties aurait soutenu un procès sans avoir aucun droit même conditionnel sur la chose litigieuse. Le vendeur, toutefois, n'est pas sans intérêt, puisqu'il est tenu de la garantie envers son acheteur, et c'est à raison de cette circonstance qu'on n'a pas hésité à lui reconnaître le droit de représenter son ache

(1) **MM.** Duranton, Foyas;—Zachariæ, p. 773 et suiv.;—Proudhon, Usuf., t. III, 1353 et 1354.

teur en justice ; en effet, le bénéfice du jugement qu'il aurait obtenu serait perdu, s'il pouvait être ensuite soumis au recours de l'acheteur évincé par une décision nouvelle.

Le donateur n'est pas tenu, sans doute, de la garantie envers le donataire; mais il n'en est pas moinsintéressé à ce que le donataire ne soit pas évincé : il y perdrait les droits éventuels que la loi lui laisse de rentrer dans les biens donnés, il y perdrait surtout de ne pas voir réaliser le but qu'il s'était proposé dans son donation. Pour toutes ces causes, le droit de représenter le donataire en justice, dans les limites que nous avons posées pour le vendeur lui-même, serait incontestable.

Dans les rapports de la caution et du débiteur, cette distinction entre les jugements favorables et les jugements défavorables doit-elle être encore admise? Cette question ne peut être résolue complétement sans l'examiner dans les diverses hypothèses où elle peut se présenter.

Si le débiteur agit seul, en l'absence de la caution et sans invoquer d'exceptions qui lui seraient personnelles ; s'il obtient un jugement favorable déclarant l'inexistence ou l'extinction totale ou partielle de la dette, la caution devra nécessairement profiter de cette décision. Le cautionnement est essentiellement un contrat accessoire; il ne peut exister sans la dette principale ni dépasser cette dette (art. 2102 et 2103, cod. civ.). Le débiteur ne peut être déchargé sans que la caution le soit elle-même; autrement, il resterait exposé au recours de la caution. D'ailleurs, aux termes de l'art. 2036, la caution peut opposer toutes les exceptions qui appartiennent au débiteur principal et qui sont réelles et inhérentes à la dette. Celle tirée de la chose jugée est certainement réelle; telle est, en effet, la décision des jurisconsultes romains comme des jurisconsultes modernes (L. 21, § ult., ff. Exc. rei jud.). Il en serait différemment, toutefois, si le jugement rendu en faveur du débiteur avait été fondé sur une exception personnelle au débiteur principal, car les exceptions personnelles au débiteur ne peuvent être invoquées par la caution (art. 2036), comme le débiteur ne pourrait jamais invoquer les exceptions personnelles à la caution.

Mais, si le débiteur a succombé, pourra-t-on opposer le jugement à la caution sans qu'elle puisse repousser l'autorité de la chose jugée par d'autres moyens que des exceptions personnelles.

Lorsque la caution, a-t-on dit, n'emploie, pour soutenir sa prétention, que des exceptions réelles, inhérentes à la dette, et que le débiteur principal a déjà employées, elle le représente, puisqu'elle se met à sa place, et ne fait qu'user des droits qui lui appartiennent. Pothiér justifie ce système en paraissant considérer l'obligation de la caution comme entièrement dépendante de celle du débiteur principal. Merlin invoque l'art. 2050 cod. c., qui décide que l'interpellation faite au débiteur principal ou sa reconnaissance interrompt la prescription contre la caution. Il en conclut qu'au point de vue des poursuites le débiteur principal est le représentant de la caution, parce que la loi le considère comme ne faisant avec lui qu'une seule et même partie (1).

Ce système, on le voit, repose tout entier sur cette idée que le débiteur principal représente la caution quant à la dette. Mais cette idée est-elle bien exacte? Il serait permis d'en douter en présence de l'art. 2225, qui autorise la caution à opposer la prescription à laquelle le débiteur principal aurait renoncé. L'existence d'une dette principale valable est, d'ailleurs, la première condition de tout cautionnement et les causes d'extinction ou de nullité de l'obligation principale sont aussi des causes d'extinction du cautionnement. Pourquoi la caution ne pourrait-elle pas les opposer en son

______

(1) Toullier, 211; — Proudhon, Usuf., 13, 14; — Pothier; — Merlin, Questions de droit, v. Chose jugée, § 11; C. c., 7 novembre 1811; C. c., 12 février 1840 (S. 40, 1, 529).

nom personnel, lors même que le débiteur principal ne voudrait pas s'en prévaloir ? Elle peut opposer, dit l'art. 2036, toutes les exceptions qui sont inhérentes à la dette ; elle les oppose non pas au nom et comme représentant le débiteur principal, mais en son propre nom et pour faire prononcer la nullité de son engagement. Ce droit, le débiteur ne saurait le lui enlever par sa mauvaise défense, ses aveux, ses déclarations extrajudiciaires, pas plus qu'il ne pourrait lui enlever les exceptions personnelles qu'elle pourrait avoir contre la validité du cautionnement.

Le système contraire aurait pour effet de mettre la caution à la discrétion du débiteur principal, et, malgré le lien étroit qui peut les unir, on ne pourra jamais penser que la caution a consenti à ne point se prévaloir de tous ses droits et actions. Quant à l'art. 2250, invoqué par Merlin, il donne bien au débiteur principal le mandat de recevoir des assignations, mais ce mandat est un mandat restreint qu'il est impossible d'étendre au droit de suivre toute l'instance (1).

Vice versá, les jugements rendus en faveur de la caution ou contre elle, en l'absence du débiteur principal, peuvent-ils être invoqués par lui ou lui être opposés ?

Il s'agit, bien entendu, de jugements qui n'ont pas statué sur des exceptions personnelles à la caution, mais qui ont porté sur l'existence de la dette principale.

Il est généralement admis que ces jugements sont « res inter alios actæ » pour le débiteur principal. On ne reconnaît point à la caution de mandat exprès ou tacite pour représenter le débiteur. Car ce dernier n'est nullement garant des faits de la caution, vis-à-vis du créancier. D'ailleurs rien n'empêche la caution d'être libérée sans que le débiteur le soit (art. 1827, 2°).

---

(1) **MM.** Zachariæ, Aubry et Rau, 5, p. 773. Bartole (S. la L. 1, ff. De judi. sol.) dit également : Unde teneo quod in fidejussore contractus non fit executio sine novo processu.

L'art. 1365 paraît, néanmoins, contraire à cette doctrine. Cet article décide, en effet, que le serment déféré à la caution profite au débiteur principal, d'où l'on a conclu que celui-ci pouvait invoquer tout jugement qui serait favorable à la caution.

Il est à remarquer que l'art. 1365 c. civ. est pris de la L. 28, § 1', De jurejurando; ce qui n'empêchait pas les anciens docteurs, en se fondant sur la loi 29, § 6, ff. Qui receptis arbitriis, de décider que le débiteur principal ne pouvait invoquer le jugement rendu contre la caution (1).

La règle de l'art. 1365 n'est [qu'une règle exceptionnelle spéciale pour le serment, acte religieux qui emporte des conséquences toutes particulières. Il eût été scandaleux et contraire au but que l'on se proposait d'atteindre, en admettant le serment, de voir juger ensuite que la dette existait. Le système contraire eût été en contradiction formelle avec le principe de l'art. 1363, qui défend de prouver la sincérité du serment.

Les motifs spéciaux de cette disposition ne permettent donc pas de la considérer comme un des effets de la chose jugée, et il faut dire que les jugements favorables pas plus que les jugements défavorables à la caution ne profitent au débiteur principal.

La solidarité établit aussi soit entre les créanciers, soit entre les débiteurs des rapports qui ne sont pas sans influence sur les effets de la chose jugée, aussi avons-nous à examiner si la chose jugée avec un créancier solidaire est également chose jugée avec son cocréancier et ce que l'on doit décider par rapport aux codébiteurs solidaires.

---

(1) Merlin, Questions, v. Chose jugée, § 18, cite les deux passages suivants, l'un de Godefroy, l'autre du président Fabre :

Hinc collige sententiam pro fidejussore latam ad principalem non porrigi.

Plus dicit Bartolus, nec male meo judicio, etiamsi sententia absolutoria pro fidejussore lata sit, super re ipsa, quasi non fuerit contractum non tamen prodesse res eam debere.

A l'égard des créanciers solidaires, la question est virtuellement résolue par l'art. 1197 du c. civ., ainsi conçu. « L'obligation est solidaire entre plusieurs créanciers, lorsque le titre donne expressément à chacun d'eux le droit de demander le payement du total de la créance et que le payement fait à l'un d'eux libère le débiteur. » De cette disposition il résulte que la stipulation de la solidarité, entre créanciers, emporte essentiellement au profit de chaque créancier le mandat de poursuivre et de recevoir le payement de la dette. Du moins, est-il bien certain que le jugement qui prononcerait conformément aux prétentions du créancier solidaire, pourrait être invoqué par les autres créanciers.

Quant aux jugements défavorables, on ne saurait leur accorder l'autorité de la chose jugée contre ceux des créanciers qui auraient été étrangers à l'instance. Si l'on peut croire à chaque créancier le pouvoir d'améliorer la chose dans l'intérêt de tous, on ne peut lui supposer le droit de la compromettre. Le payement qui lui en est fait est valable; mais la remise qu'il consent au débiteur ne profite à ce dernier que pour sa part, comme le serment prêté par le débiteur ne le libère que pour la part du créancier qui le lui a déféré (1).

Quant aux débiteurs solidaires, on distingue également; on les classe généralement dans la catégorie des personnes à qui la loi répute mandat d'améliorer la position de leurs codébiteurs. On argumente, dans ce système, des dispositions de l'art. 1365, qui fait profiter les codébiteurs solidaires du serment prêté par l'un d'eux, et des art. 1206 et 1207, d'après lesquels les poursuites intentées contre l'un des débiteurs solidaires interrompent la prescription et font courir les intérêts moratoires contre tous. Le payement fait par l'un d'eux libère tous les autres ; il doit en être de même lors-

______

(1) MM. Bonnier, 701; Dur., n° 521; Zach., t. II, p. 298; Proudhon, t. III, 1322.

que cette libération provient d'un jugement. Les débiteurs qui se sont donné mandat de payer l'un pour l'autre ont dû s'accorder le même pouvoir pour faire valoir, dans leur intérêt commun, tous les moyens qu'ils pourraient avoir pour s'exempter de payer (1).

Cette solution paraît contraire à la L. 52, ff. De fidej. et mand., qui porte : Plures ejusdem pecuniæ credendæ mandatores, si unus judicio eligatur absolutione quoque secuta non liberantur, sed omnes liberantur pecunia secuta. »

Néanmoins il paraît impossible d'admettre dans notre législation le principe de cette loi, en présence des art. 1281, 1284, qui font profiter le codébiteur solidaire de la novation ou de la remise faite à leur codébiteur. Lorsqu'un créancier poursuit l'un des débiteurs solidaires pour la totalité de la dette, le quasi-contrat judiciaire, formé par l'introduction de l'instance, ne produit-il pas une novation de la créance ? En présence du jugement qui prononce sur l'existence de la dette, ne peut-on pas dire qu'il y a eu remise conditionnelle ?

Il en serait différemment, sans doute, si l'instance n'avait porté que sur la part d'un des codébiteurs dans la dette. Aux termes de l'art. 1285, 2°, les codébiteurs ne profiteraient de cette sorte de remise partielle que pour la part de celui avec qui l'instance est engagée.

Mais réciproquement, si le jugement avait été défavorable au codébiteur solidaire, faudrait-il dire qu'on pourrait le leur opposer comme décision ayant l'autorité de la chose jugée ?

Tout le monde reconnaît que ce jugement laisserait entières les exceptions personnelles à chacun des débiteurs ; mais on s'est divisé lorsque le débat avait porté sur des exceptions inhérentes à la dette.

(1) Sed si unus de pluribus debendi reis judicio conventus, per sententiam judicio absolutus sit, alter ultra nequit efficaciter conveniri. — Voet ad Dig. De duobus reis. — Merlin, Questions de droit, v. Ch. jugée, § 18.

Pour soutenir (1) que les jugements rendus contre un débiteur solidaire peuvent être opposés aux autres codébiteurs,
on invoque la solution donnée au cas de jugemsnts favorables.
Il est impossible que les codébiteurs aient couru la chance de
profiter du jugement qui eût absous leur coobligé, sans courir en même témps celui d'être compris dans la condamnation
prononcée contre lui. A cette considération, on ajoute les ar-
guments tirés des art. 1205 et 1205 cod. civ., et qui ont
été signalés plus haut. La solidarité, dit-on, a principalement
pour but d'éviter les frais et les lenteurs qu'entraîneraient la
division et l'exercice de poursuites contre plusieurs, et ne
serait-ce pas aller directement contre ce but que de refuser
au jugement rendu, contre un des débiteurs solidaires, l'autorité de la chose jugée?

Dans l'opinion contraire on dit : les codébiteurs solidaires
ont, sans doute, mandat pour recevoir les assignations, mais
ce n'est pas dépasser les limites de ce mandat que de leur
donner le droit de suivre l'instance dans toutes ses phases et
d'y représenter leurs codébiteurs. Il y a plus, c'est que la
nature de la solidarité repousse cette idée de mandat, et les
conséquences qu'on en tire relativement à la chose jugée.
L'obligation solidaire est simple, sans doute, quant à son
objet, mais elle est multiple quant aux liens juridiques, en
vertu desquels chaque débiteur est engagé. — « *Ces débiteurs*, dit Pothier, *étant différents entre eux, les liens qui les
obligent sont autant de liens différents qui peuvent, par conséquent, avoir des qualités différentes.* » *C'est ce que veut
dire Papinien, lorsqu'il dit : Et si maxime parem causam
suscipiant nihilominus in cujusque persona, propria singu-
lorum consistit obligatio. (* L. 9, § 2, ff. *De duobus reis*).
*L'obligation est une par rapport à son objet qui est la chose
due, mais, par rapport aux personnes qui l'ont contractée,*

(1) Henrys, Pothier, Toullier, Proudhon, Merlin, Carré, c. c.,
29 novembre 1836.

5

on peut dire qu'il y a autant d'obligations qu'il y a ae personnes obligées.

Si l'obligation n'est pas la même pour tous, si le lien juridique qui oblige chacun d'eux est différent, il n'y aurait plus, dans le procès, identité de cause. Chaque débiteur peut avoir à invoquer des motifs particulier pour faire annuler son obligation. Pourquoi permettrait-on à des codébiteurs intéressés de compromettre leurs droits et leurs moyens? En stipulant la solidarité, ils n'ont dit nulle part qu'ils s'en rapportaient l'un à l'autre pour la défense de leurs droits. D'ailleurs, il est possible que la solidarité ne soit établie entre eux que par le jugement dont on veut se prévaloir.

On peut admettre cette doctrine sans crainte; il ne peut en résulter que des lenteurs. Or, ces lenteurs, le créancier a le moyen de les éviter en mettant en cause tous ceux qu'il prétend ses débiteurs solidaires, alors que, sur ses poursuites, il verra s'élever une contestation sur l'existence de la dette (1).

On retrouve, en matière de créance ou de dette indivisibles, les mêmes questions. Quel est, vis-à-vis des créanciers d'une chose indivisible, l'effet de la chose jugée avec l'un d'eux, soit lorsque la décision leur est favorable, soit qu'elle a été défavorable à leurs prétentions? Dans les mêmes circonstances quel est, vis-à-vis des codébiteurs d'une dette indivisible, l'effet de la chose jugée avec l'un d'eux.

Il faut d'abord examiner ces questions au point de vue des créanciers.

Un créancier d'une dette indivisible a fait condamner le débiteur au payement, son cocréancier pourra-t-il invoquer le jugement comme constituant chose jugée à son profit?

(1) MM. Duranton, 520; Delv., t. II, p. 500; Zach., 775; C. c., 11 février 1824, 3 février 1846 (S. 46, 1, 787). Bastia, 16 mars 1831; Toulouse, 7 avril 1840.

Le président Fabre dit également : Et respondit Bartholus non nocere, secuti nec sententia ex correis lata, alteri noceret (ad Ration., S. L. 28 De jurejur.). — Voët adopte également cette opinion.

L'affirmative est généralement admise ; c'est une des conséquences encore du principe de l'art. 1121, qui permet de stipuler pour autrui, lorsque telle est la condition d'une stipulation que l'on fait pour son propre compte et du mandat tacite que chaque associé tient de ses associés pour améliorer la chose commune (1).

Mais, si le jugement était défavorable, il ne serait plus opposable à ceux des créanciers qui n'auraient point figuré dans l'instance. Qu'importe que la chose réclamée soit indivisible, il n'y a pas là une raison pour dépouiller le créancier de ses droits sans lui donner le moyen de les défendre.

A l'égard des débiteurs, on doit admettre les mêmes solutions. L'indivisibilité de l'objet établit entre eux une sorte de société qui donne à chacun mandat de faire tout ce qu'il peut dans l'intérêt de la chose commune, sans pouvoir faire, toutefois, rien qui puisse compromettre ou aggraver la position de leur codébiteur, ainsi que nous l'avons décidé en matière de solidarité. Il y a même ici une raison de plus. Les débiteurs d'une dette indivisible sont tenus, sans doute, *in solidum*, mais ils ne sont pas tenus *totaliter*. L'obligation de chacun des codébiteurs d'une dette indivisible ne porte que sur des parts distinctes de la dette ; ce qui a été jugé contre l'un d'eux ne peut donc s'appliquer qu'à la portion de la dette commune dont il était personnellement débiteur (2).

En matière d'indivisibilité *contractu*, les codébiteurs seront sans doute obligés d'employer la voie de la tierce opposition ; c'est qu'en effet il est impossible que le jugement soit exécuté vis-à-vis de l'un d'eux sans nuire ou préjudicier aux autres. Mais en employant cette voie, ils n'auront à prouver ni dol, ni fraude, ni collusion, et si la nouvelle décision est favorable, le créancier perdra le bénéfice du jugement qu'il avait d'abord obtenu, puisqu'il lui sera impossible de l'exécuter.

(1) MM. Dur., 13, 528 ; — Bonnier, 702.
(2) Dur., 528 ; Zach., p. 778.

Mais, en matière d'indivisibilité *solutione tantum, aut obligatione*, le codébiteur ne serait pas tenu d'employer la voie de la tierce opposition. Ainsi, dans l'hypothèse d'une obligation de bâtir une maison, le créancier attaque l'un des héritiers du débiteur et gagne son procès, puis il s'adresse à l'autre; celui-ci pourra repousser l'autorité de la chose jugée sans employer la voie de tierce opposition, parce que l'exécution du premier jugement ne peut lui préjudicier. En admettant, en effet, que le second soit favorable au débiteur, le créancier n'en pourrait pas moins forcer le cohéritier de celui-ci à construire la maison en totalité, sauf à lui tenir compte de la part des frais qui auraient été supportés par le cohéritier, vainqueur dans la seconde instance, selon la solution admise par l'art. 1224, en cas de remise de la dette.

Telles sont les applications les plus importantes de ce principe, que la communauté d'intérêts donne à chaque associé le droit d'améliorer la chose sans pouvoir la diminuer ou la compromettre. Nous devons, en terminant, signaler un exemple remarquable qui nous est fourni par la législation romaine, mais qui n'a plus d'application sous le code civil.

A Rome, le sort des legs étant essentiellement subordonné à l'existence du testament et à l'institution de l'héritier, si cet acte venait à être annulé dans une contestation avec l'héritier institué, on considérait les légataires comme ayant été représentés dans l'instance, et on ne leur permettait pas de revenir sur cette décision : «Quasi inter easdem personas lisque quo renovata videtur quum is experitur, cujus jus pendet a jure ejus qui priore judicio expertus est (Pothier, ad Pand., hoc tit. 22). »

Il en était différemment si la nullité du testament avait été prononcée dans une instance avec les légataires, parce que le droit des légataires ne dépend pas de celui de leur colégataire, contre qui le jugement a été rendu (Pothier, 909, L. 1, ff. De exc. rei jud.). Il en est ainsi dans notre législation, où les droits des légataires sont indépendants les uns des autres, même de celui du légataire universel (1).

SECTION V.

DES PRINCIPAUX EFFETS ATTACHÉS A L'AUTORITÉ DE LA CHOSE JUGÉE.

Pour comprendre ces effets, il ne faut pas oublier quelle est la base du respect absolu donné par la loi à la chose jugée. Cette origine, on le sait, c'est une présomption légale qui considère la décision des juges comme l'expression d'une vérité désormais irréfragable pour les parties. L'autorité de la chose jugée repose donc sur une fiction ; aussi a-t-on dit souvent res judicata pro veritate habetur, sed non est veritas.

Si donc il y avait quelque doute, si les juges avaient des raisons plausibles de croire que les choses, les causes et les personnes ne sont pas les mêmes, ils devraient rejeter l'exception de chose jugée. C'est le sentiment de Voët, qui s'exprime, à cet égard, dans les termes suivants : « Quod si alioqui sana ratione dici queat, res aut personas non esse easdem judices non debent, necque solent esse difficiles in rejicienda exceptione rei judicatæ (2). »

De ce principe que l'autorité de la chose jugée repose sur une fiction, les anciens jurisconsultes concluaient, avec raison, que l'obligation résultant des jugements passés en force de chose jugée n'était qu'une obligation purement civile. « Il en est néanmoins, dit Pothier, qui sont obligations civiles seulement sans être en même temps obligations naturelles, et à l'accomplissement desquelles le débiteur peut être contraint en justice, quoiqu'il n'y soit pas obligé dans le for de la conscience. Telle est l'obligation qui résulte d'un juge-

______

(1) Toullier, n° 212.
(2) Voët, sur le Dig., tit. De exc. jud., 107.

ment de condamnation rendu par erreur de droit ou de fait, et dont il n'y a pas appel (1). »

De ce point de vue découlent plusieurs conséquences importantes à considérer.

La première, c'est celle qui est signalée par Paul dans les termes suivants : *Licet absolutus sit, natura tamen debitor permanet* (L. 60, ff. *De cond. indeb.*). L'autorité de la chose jugée, institution du pur droit civil, laisse donc tout son empire à la loi naturelle, et l'obligation de celui qui a été mal à propos libéré ne laisse pas que de subsister au point de vue du for intérieur et comme obligation naturelle. L'action en répétition serait donc refusée à celui qui aurait payé une dette déclarée éteinte par un jugement passé en force de chose jugée. C'est la décision du jurisconsulte romain qui serait admise sans nul doute sous le code civil (2).

Si la partie peut, en dehors de toute instance, renoncer au bénéfice d'un jugement rendu en sa faveur, elle peut aussi y renoncer dans un nouveau procès, soit formellement, soit tacitement. L'exception de la chose jugée n'est point d'ordre public plus que ne l'est la prescription libératoire. Elle crée

(1) Pothier, Oblig., n° 174.

(2) Le président Fabre (Ration. ad., L. 60, De cond. ind.) professe la même doctrine dans les termes suivants : Rerum judicatarum auctoritas tota est ex jure civili et ex mera ratione juris civilis ut aliquis litium finis esse possit, ad retinendam inter cives concordiam quâ solâ reipublicæ salus continetur. Interest namque illius etiam cui per sententiam judicis fit injuria ut quam citissime lis expediatur, nec habet ea res quidquam commune cum ratione et æquitate naturali præsertim si injusta et iniqua sententia proponatur, qualem necesse est eam esse per quam verus debitor absolvitur, quem ex contrario condemnari opporteret omni jure et naturali et gentium et civili. Et vero solemnitates omnes sunt juris civilis, nulla penitus juris naturalis, aut gentium, sine quibus tamen nec ad judicem nec ad sententiam pervenire potest..... Cum ergo exceptio rei judicatæ nulla æquitate naturali nitatur, sed civili tantùm apparet non esse illam ex earum numero quæ aut naturalem obligationèm possent tollere, quæ ex solo naturalis æquitatis vinculo æstimatur aut indebiti conditionem inducere. (Conf. Le même, Conject. L. 6, 7, ch. XVI, n° 18. Voët, ad Pand., tit. De exc. R. jud.)

une présomption de vérité ; mais cette présomption peut être fausse, et nul ne peut le dire que la partie. C'est à elle seule de voir si sa conscience lui permet de l'invoquer. Aussi n'est-il pas permis aux tribunaux de suppléer d'office d'exception de chose jugée (1), et à la partie de l'invoquer pour la première fois devant la cour de cassation, comme on ferait pour un moyen d'ordre public (2).

C'est par suite de cette nature particulière de l'exception de chose jugée qu'à Rome, sous le régime de la procédure formulaire, on était obligé de faire insérer l'exception dans la formule des actions légitimes *in rem* ou *in factum*, lors même que ces actions étaient des actions de bonne foi. L'exception de la chose jugée devait être formellement insérée dans la formule de ces actions parce que l'autorité de la chose jugée n'est pas un principe d'équité et de bonne foi compris dans l'expression *ex bona fide*, mais un principe nécessaire qui protége les bons comme les mauvais jugements, et qui consacre même les iniquités du juge, lorsqu'il n'y a plus moyen de les faire réformer par le juge supérieur (5).

Néanmoins l'exception tirée de la chose jugée n'est pas une de ces exceptions de forme qui doive être proposée dès le début de l'instance ; c'est un véritable moyen de fond qui peut être invoqué en tout état de cause, même en appel, *alterius instar exceptionis peremptoriæ* (Voët., loc. cit.), à moins, toutefois, que, d'après les circonstances, on ne dût être presumé y avoir renoncé.

---

(1) Perit vis sententiæ renuntiatione. — Amplius etiam effectu destituitur res judicata, si reus per sententiam absolutus patiatur iterum secum eadem de re agi per eumdem actorem nec ei opponat rei judicatæ exceptionem ; eo quod ipso intelligitur tacite juri, per sententiam quæsito renuntiasse (Voët, ad Pand., tit. cit.). Conf. — Toullier, t. **X**, p. 73 ; — Merlin, Questions, *v.* Ch. jug., § 2 *bis.* — Jurisprudence constante, 26 déc. 1808, — 28 mars 1811, — 10 juillet 1827, — 10 février 1836, — 17 nov. 1840, — 16 mars 1843, etc.

(2) Mèmes arrêts.

(3) **M.** Ortolan, Inst., p. 1211 ; Ducaurroy, liv. **IV**, t. 13.

Mais aussi, lorsque l'exception de chose jugée est invoquée par les parties, ses effets sont absolus. Les deux parties au procès, le défendeur comme le demandeur, le vainqueur comme le vaincu, peuvent l'invoquer. Telle est la conséquence du contrat judiciaire sur lequel repose l'autorité de la chose jugée (1).

Elle peut être opposée aux mineurs comme aux majeurs, aux femmes, aux interdits, à l'Etat lui-même, contrairement à ce qui était décidé dans l'ancienne jurisprudence.

Quant aux choses qui ont fait l'objet du litige, l'autorité de la chose jugée n'est pas moins absolue, il n'appartient à aucun tribunal de discuter ou de suspendre l'exécution d'un arrêt passé en force de chose jugée (2), ni même d'ordonner le serment décisoire (3). Les droits des parties sont définitivement réglés ; il ne reste plus qu'à faire exécuter le jugement, sans que les difficultés qui s'élèveraient sur l'exécution puissent autoriser le tribunal compétent à apprécier de nouveau ce qui a été jugé : Judex, disait Ulpien, posteaquam semel sententiam dixit, postea judex esse desinit. Et hoc jure utimur, ut judex qui semel, vel pluris, vel minoris condemnavit, amplius corrigere sententiam suam non possit, semel enim bene seu male officio functus est (L. 55, ff. *De re jud.* — *Conf. Alfenus.* L. 62, eod. tit.).

Néanmoins les cours et tribunaux ont le droit d'interpréter leurs décisions. Interpréter, c'est assurer le respect dû à la chose jugée, puisque c'est indiquer dans quel sens elle doit être exécutée.

En principe, un jugement ou un arrêt passé en force de chose jugée ne peuvent être rectifiés ni changés par les juges qui les ont rendus, pour erreurs matérielles de fait ou de droit. Néanmoins cette règle n'est pas appliquée, dans notre lé-

(1) Pothier, Pand., lib. XLIV, tit. 2, n° 30. Cass., 5 juin 1821 (S. C. N.). — 22 mai 1850 (D. 50, 1, 126).

(2) C. c., 25 mai 1813.

(3) Turin, 15 juillet 1806 ; — C. c., 7 juillet 1829.

gislation, avec toute la rigueur des lois romaines. L'art. 541 cod. de proc. a expressément abrogé la loi UNI C. de errore calculi et la loi 2 C. de re jud. , qui ne permettaient pas de rectifier les erreurs de calcul qui s'étaient glissées dans un jugement. En droit français, on peut demander la révision de tout compte judiciaire pour erreurs, omissions , faux ou double emploi , pourvu que la demande soit formée devant les juges qui ont rendu le premier jugement. Cette règle a été étendue sans difficulté, par la jurisprudence et la doctrine, à toutes les erreurs de calcul, et même aux erreurs purement matérielles qui se seraient glissées dans un jugement, telles, par exemple, qu'une erreur de prénoms ou de noms (1).

On doit donc repousser l'ancienne pratique des jugements dits comminatoires. Lorsqu'une partie n'avait succombé dans ses prétentions que faute par elle d'avoir produit une pièce ou une justification quelconque, on lui permettait de revenir pendant trente ans contre le jugement. Cette pratique violait trop ouvertement les principes de la chose jugée pour ne pas être repoussée d'une manière absolue (2).

Par un souvenir, sans doute, de cette jurisprudence du parlement de Bretagne, on avait donné le nom de jugements comminatoires aux décisions qui condamnent une partie à produire des titres , à faire une justification ou une option dans un certain délai et , qui , à défaut pour la partie de s'y conformer, déclarent qu'elle sera déboutée ou condamnée envers son adversaire à... de dommages-intérêts par chaque jour de retard. On avait prétendu que ces jugements n'étaient que comminatoires, et n'obligeaient pas, en définitive, le

(1) Carré, Questions, 1887; — Merlin, Rép., v. Jugement, § 3, n° 5; —Pigeau, sur l'art. 541.—C. c., 23 mars 1823, 14 février 1827, 18 janvier 1830 (S. C. N.)

(2) Mrrlin, Rép., v. Successions ; — Toullier, t. X, n° 121 et suiv.; — Carré, t. II, n° 1765. — C. c., 11 therm. an VIII.

juge d'adjuger, en cas de retard, les dommages-intérêts spéci-
fiés dans le premier jugement; mais ce système a été formellement repoussé par la cour de cassation dans son arrêt du
10 juillet 1832 (S. 32, I, 66). « Cette distinction entre les
jugements, disait le conseiller rapporteur, dont les uns seraient réputés sérieux, les autres fictifs, les uns stables à toujours, les autres dont on pourrait se jouer après plusieurs
années; cette distinction , disons-nous , est purement arbi-
traire et ne repose sur aucune disposition de la loi : elle aurait pour conséquence d'affaiblir dans l'esprit des citoyens le
principe si salutaire de l'autorité de la chose jugée. »

Une exception à ces principes est néanmoins admise par la
doctrine et la jurisprudence; elle est assez importante pour
être signalée.

On admet, en effet, la partie condamnée au payement d'une
somme à se libérer des effets de ce jugement en justifiant
d'une quittance antérieure à la condamnation (1). Produire
une quittance même antérieure à la condamnation, ce n'est
pas, a-t-on dit, attaquer le jugement, c'est prouver qu'on
l'a exécuté d'avance. Toute condamnation, d'ailleurs, contient
toujours implicitement la réserve de toutes quittances, ou en
d'autres termes on peut l'exécuter par un payement soit en
argent, soit en quittances valables; aussi accorde-t-on à la
partie qui aurait payé en vertu d'un jugement l'action en répétition condictione indebiti. On ne pourrait, toutefois, admettre cette doctrine, si, dans le premier jugement, le défendeur avait invoqué sa libération par payement et que sa prétention eût été repoussée; permettre de renouveler le débat
sur la production d'une quittance , ce serait renouveler une
contestation déjà jugée : *seu male*, *seu bene* , peu importe.

(1) Fabre , in C. De exc. seu præs.; — Voët, ad T. De exc. rei jud.;
— Toullier, t. X , n° 127; — M. Duranton, n° 474. — C. c., 24 frim.
an X, — 27 juin et 5 décembre 1811, — 22 juillet 1818. — Nimes,
18 déc. 1819; — Colmar, 3 février 1825; — Lyon, 9 juillet 1830; —
Paris, 8 août 1836.

Ainsi l'a décidé un arrêt récent de la cour de cassation en date du 29 juillet 1851 (S. 51, I, 577, 9° cah.).

A la quittance seule, d'ailleurs, est attachée cette exception, et on ne peut l'étendre à tout autre mode de libération, par exemple à une novation dont on a négligé de se prévaloir lors du premier jugement. On ne peut dire de ces moyens libératoires, comme de la quittance, qu'ils sont la preuve de l'exécution anticipée du jugement. La novation ou tout autre mode n'aurait d'autre effet que de paralyser la condamnation obtenue par le créancier, sans pouvoir même, par une heureuse fiction, colorer cette violation de la règle res judicata pro veritate habetur (1).

Aussi, en dehors de ce cas tout exceptionnel, est-il bien certain que l'action de la chose jugée reprend son empire avec son caractère absolu. Devant elle s'effacent toutes les considérations d'ordre public. Ainsi, la partie dont le déclinatoire, fondé sur une incompétence ratione materiæ, a été rejeté par un jugement passé en force de chose jugée, n'est plus recevable à proposer devant la cour de cassation la même exception d'incompétence (2). De même encore, par suite de l'autorité de la chose jugée, la femme dotale perd le droit de réclamer ses immeubles dotaux (3) ; la répétition du prix d'office, payé en dehors du contrat soumis à l'approbation de l'autorité publique, n'est plus permise (4).

Il en est ainsi pour tous jugements passés en force de chose jugée, bien qu'on eût pu en appeler et que les matières sur lesquelles ils avaient statué ne pouvaient point faire l'objet d'une transaction ou d'un acquiescement, comme le sont cer-

(1) C. c., 7 déc. 1839, Com. de Luby.

(2) C. c., 12 mai 1851 (S. 51, 1, 349). Cet arrêt porte : Attendu que le droit qui appartiendrait à la cour d'apprécier l'exception d'incompétence ratione materiæ, même si elle était proposée pour la première fois devant elle, s'arrête devant le respect dû à l'autorité de la chose jugée.

(3) C. c., 22 nov. 1822, — 30 déc. 1850 (S. 51, 1, 29).

(4) Paris, 19 juin 1846 (S. 46, 2, 613). C. c., 4 février 1850 (S. 51, 1, 133).

taines matières qui touchent à l'ordre public, par exemple les questions d'état (1).

L'art. 7 de la loi sur la contrainte par corps (2) porte néanmoins : *Le débiteur contre lequel la contrainte par corps aura été prononcée par jugement des tribunaux civils ou de commerce, conservera le droit d'appeler du chef de la contrainte dans les trois jours qui suivront l'emprisonnement ou la recommandation, lors même qu'il aurait acquiescé et que les délais ordinaires de l'appel seraient expirés.*

Avant 1848 et sous l'empire de la loi de 1832, on décidait sans doute que l'acquiescement au jugement n'enlevait pas le droit de former appel du chef du jugement relatif à la contrainte par corps, pourvu que l'on se trouvât dans les délais utiles à l'effet de former cet appel; rien de plus logique, puisqu'on reconnaissait qu'on ne pouvait faire de la contrainte par corps l'objet d'aucune stipulation en dehors des cas autorisés par la loi. Mais ici on a été plus loin. La loi de 1848 a porté une première, mais juste atteinte au principe de la chose jugée, en considérant la liberté du citoyen comme supérieure à toutes les fictions légales sur lesquelles repose l'autorité attachée aux décisions judiciaires. L'humanité a forcé la main à la logique, au droit rigoureux. Quoi qu'il en soit, si l'arrêt venait confirmer la décision des premiers juges, il faudrait s'y soumettre, bien que la condamnation puisse être illégale. Il n'y a pas en France de nullités de droit, et la partie doit s'imputer de n'avoir pas invoqué les moyens mis à sa disposition par la loi pour faire redresser les erreurs de la justice...

Ici se terminent les effets généraux résultant du principe de l'art. 1351. Il nous reste, pour achever cet exposé, à dire quelques mots *de l'influence des jugements criminels sur le civil.*

La question se présente dans plusieurs hypothèses diffé-

(1) C. c., 15 janvier 1818.
(2) L. des 13-16 décembre 1848.

rentes. L'accusé a pu être condamné, absous ou acquitté par le tribunal criminel. Quel sera, dans tous ces cas, l'effet de la chose jugée vis-à-vis de l'action en réparation civile intentée par la partie lésée?

1° Si l'accusé a été condamné, la partie lésée par le délit pourra-t-elle exciper du jugement intervenu sur les poursuites du ministère public, comme établissant force de chose jugée an civil dans l'action en dommages-intérêts?

Il nous est difficile, malgré la grave autorité de Merlin, de trouver dans les deux instances la réunion des trois conditions auxquelles est subordonné l'exercice de l'exception de la chose jugée. La cause de l'action publique et de l'action civile est la même, sans nul doute. Toutes deux reposent sur le délit ou sur le crime. C'est là le fait juridique moteur ou générateur des deux demandes ; c'est en vertu de ce fait que le ministère public réclame une réparation publique, l'application d'une peine, tandis que la partie lésée demande une réparation privée ou des dommages-intérêts.

L'objet des deux demandes n'est donc pas identique. Quant aux personnes, la différence n'est pas moins grande. Le ministère public est bien l'organe de la société tout entière; mais il ne l'est d'aucun de ses membres en particulier, lors surtout qu'il s'agit, pour celui-ci, de réparations civiles à obtenir.

Si le jugement criminel exerce quelque influence sur l'action civile, si on lui reconnaît généralement, dans le cas qui nous occupe, l'autorité de la chose jugée, ce ne peut être par application de l'art. 1351 cod. civ. Il n'y a, il faut le reconnaître, rien d'étrange dans cette théorie. L'autorité de la chose jugée est une institution de droit civil ; la loi a bien pu, dans certains cas exceptionnels, décider que la chose jugée existerait même en l'absence de l'une des conditions qui doivent, d'ordinaire, concourir à l'établir. Ce que la loi pouvait faire, elle l'a fait réellement, en donnant au jugement criminel le caractère d'un jugement préjudiciel vis-à-vis de l'action civile.

Aux termes de l'art. 3 du cod. d'inst. crim., l'exercice de l'action civile est suspendu tant qu'il n'a pas été prononcé définitivement sur l'action publique intentée avant ou pendant la poursuite de l'action civile. Pourquoi cette suspension de l'action civile, si le jugement criminel ne devait exercer sur elle aucune influence? Il entre, sans contredit, dans l'esprit d'une bonne législation de régler l'ordre des juridictions de manière à ce qu'elles ne se heurtent pas dans leur marche, et empêcher que ce qu'un tribunal a jugé vrai ne puisse être déclaré faux par un autre; à prévenir, en un mot, des contrariétés de jugements bien plus déplorables en cette matière qu'elles le seraient en matière purement civile.

On reconnaît unanimement, lorsque, par exception à l'art. 3 du cod. d'inst. crim., c'est l'action civile qui est préjudicielle à l'action criminelle, que cette action civile exerce sur celle-ci une influence décisive. Ainsi, en matière forestière, lorsque le prévenu soulève l'exception *feci* sed *jure feci*, les juges correctionnels sont obligés de surseoir jusqu'à ce que les tribunaux compétents aient statué sur la question du droit de propriété ou d'usage invoqué par le prévenu; et, si le tribunal civil déclare ce dernier propriétaire ou usager, le tribunal correctionnel ne peut se dispenser de l'acquitter. Cependant les deux procès sont bien différents : d'un côté, c'est le prévenu et le ministère public; de l'autre, le prévenu et la partie civile contre laquelle il réclame des droits de propriété ou d'usage. Peut-on dire, d'ailleurs, qu'il y ait identité d'objet ou même identité de causes? Pas le moins du monde. Si le jugement civil fait loi au tribunal correctionnel, ce ne peut donc être en vertu de l'art. 1351, mais bien parce que la question fondamentale à décider dans les deux procès est la même, et que la loi a voulu qu'elle fût décidée par les juges compétents pour en connaître, ou, en d'autres termes, parce que le jugement civil est préjudiciel.

Il en est de même en matière de délit de suppression d'état, de contributions indirectes, où l'exercice de l'action préjudicielle civile exerce une influence décisive sur le sort de l'instance.

C'est encore ce que l'on trouve lorsque les tribunaux civils renvoient devant les tribunaux ou les agents administratifs pour décider une question préjudicielle, par exemple, la délimitation d'un chemin classé, d'un fleuve ou rivière, l'interprétation d'un acte administratif. Et, réciproquement, la même influence est exercée par les décisions judiciaires sur les actions administratives. Ainsi, toutes les fois qu'une question de propriété est soulevée devant le Conseil d'Etat ou un conseil de préfecture, on est obligé de renvoyer le jugement de cette question aux tribunaux civils, dont la décision lie ensuite les tribunaux administratifs.

S'il en est ainsi de tous les jugements préjudiciels, on ne concevrait pas, il faut le dire, pourquoi il n'en serait pas de même des jugements criminels préjudiciels à l'action civile.

Comme les tribunaux civils, comme les tribunaux administratifs, s'ils sont juges de la question préjudicielle, c'est que cette question rentre plus directement dans la sphère de leurs attributions. Or n'est-ce pas le juge criminel qui a la mission spéciale et exclusive de connaître des délits et des crimes, de prononcer, dans l'intérêt de la société, sur l'existence de ces faits? S'il en est ainsi, et puisque leur décision est préjudicielle, on ne comprendrait pas que l'on n'y attachât pas les effets ordinaires des jugements de cette nature, et que l'on permît d'établir l'inexactitude de leurs décisions. Il est manifeste que ce serait méconnaître le but et la nature de leur institution.

Différentes dispositions du cod. d'inst. crim. viennent, du reste, confirmer ces déductions de la logique et du raisonnement.

Ainsi l'art. 463 prescrit la lacération des pièces reconnues fausses dans les procès criminels, sans distinguer si la décision est intervenue avec ou sans le concours d'une partie civile; cette prescription n'a d'autre but que d'empêcher de se servir de nouveau de ces pièces et de remettre en question leur sincérité et leur fausseté. C'est proclamer le caractère absolu de la sentence rendue au criminel, décider qu'elle produit ses effets vis-à-vis de la société tout entière.

On invoque également, dans cet ordre d'idées, l'art. 359 du même code, qui paraît mettre sur la même ligne la partie civile demandant des dommages-intérêts dans l'instance criminelle et le tiers étranger à cette instance qu'il oblige de s'adresser au tribunal civil. Cet article paraît, en effet, permettre à l'un comme à l'autre d'invoquer la condamnation, sans avoir d'autres preuves à fournir.

Un avis du conseil d'Etat du 12 novembre 1806, relatif aux appels formés, en matière correctionnelle, par la partie civile seule, a résolu implicitement la question. Il porte : *Mais, comme le ferait un tribunal auquel on porterait la question de dommages-intérêts, elle (la cour) doit tenir pour constants les faits et les motifs qui ont déterminé le chef du jugement relatif au délit, parce que, ce jugement ayant passé en force de chose jugée, il a tous le droits d'une vérité incontestable.* C'est bien reconnaître aux jugements criminels l'influence directe sur le civil, qu'a tout jugement préjudiciel.

Cet avis marque, d'une manière précise, la limite de cette influence. Le juge civil doit tenir pour constants les faits et les motifs déclarés par le juge criminel, sauf à lui à en tirer telles conséquences qu'il jugera convenables pour le jugement des contestations qui lui sont soumises. Ainsi, si la partie lésée, après le jugement et la condamnation du coupable, forme, en se fondant sur les faits qui ont été l'objet de la poursuite criminelle, une action en dommage-intérêts, une demande en séparation de corps, en nullité de convention, elle se trouve dispensée d'apporter une preuve nouvelle de ces faits; le juge civil sera tenu de les considérer comme constants, sauf à vérifier s'ils sont suffisants pour faire admettre les prétentions de la partie demanderesse.

2° L'avis précité du conseil d'Etat reconnaît, on l'a vu, qu'une demande en dommages-intérêts peut être formée même après l'acquittement du prévenu. Le jugement criminel, comme tous les jugements préjudiciels, ne peut influer sur l'action civile qu'à l'égard de ce qui a formellement été décidé. Le juge civil doit tenir pour constants les faits reconnus, mais rien de plus.

Dès lors, si le jugement criminel ou correctionnel a décidé que le fait n'existe pas ou que l'accusé n'en est pas l'auteur, il sera donc impossible d'accorder des dommages-intérêts à la partie qui se prétendrait lésée. Ce serait contredire ce qui a été décidé par les juges criminels (C. C., 17 mars 1815).

Malheureusement, peut-être tous les jugements criminels qui renvoient le prévenu de l'accusation ne sont pas aussi explicites. En prononçant l'acquittement de l'accusé, ils ne disent pas s'ils le renvoient parce que le fait qui lui est reproché n'existe pas, ou qu'il n'en est pas l'auteur. Les décisions du jury ne peuvent porter que cette déclaration : « Non, l'accusé n'est pas coupable, » sans qu'on puisse, en l'absence de toute espèce de motifs, déterminer la cause de l'acquittement. — En pareil cas, tout ce qui a été jugé, c'est que l'accusé n'était pas l'auteur d'un fait punissable, mais on ne dit pas si le fait existe, si c'est lui ou tout autre qui l'a commis. Ce qui est certain, c'est que s'il en était l'auteur, il ne l'a pas accompli avec toutes les conditions qui donnent au fait le caractère d'un délit ou d'un crime. Dès lors, on le comprend, les jugements criminels perdent leur caractère de jugement préjudiciel, puisque la question n'est pas résolue. Cette question revient donc entière devant les juges civils pour être débattue de nouveau, non plus, sans doute, au point de vue de la criminalité, mais sous le rapport des conséquences civiles que ces faits peuvent et doivent entraîner.

Aussi est-il de jurisprudence constante que les tribunaux criminels peuvent, malgré l'acquittement de l'accusé, accorder à la partie civile des dommages-intérêts, comme les tribunaux civils peuvent le faire, lorsque la partie lésée est restée étrangère au procès criminel.

Par la même raison, il a été décidé que, malgré l'acquittement de l'accusé en matière de faux, on pouvait, devant les tribunaux civils, contester la sincérité de l'acte. C'est qu'en effet l'arrêt de la cour d'assises, en renvoyant l'accusé comme non coupable, n'a point dit que l'acte fût vrai. Les parties restent devant les tribunaux civils dans la position où elles se trouvaient avant le commencement des poursuites criminelles, c'est-à-dire poursuivant l'inscription de faux ou la vérification d'écriture, suivant que l'acte incriminé est authentique ou sous seing privé.

3° Si l'acquittement est prononcé par le motif que le fait n'est pas constant, ou qu'il n'est pas constant que l'accusé en soit l'auteur, pourra-t-on permettre encore à la partie qui se prétend lésée de poursuivre par la voie civile? L'affirmative est généralement admise, parce que la déclaration du juge criminel ne dit pas que le fait soit faux, ou que l'accusé n'en est pas coupable, et que le juge civil peut parfaitement trouver que le fait constant ou que l'accusé en est l'auteur sans qu'il y ait, pour cela, contradiction entre les deux décisions et violation de la chose jugée.

4° Si l'accusé était simplement absous, il est évident que l'action civile serait recevable. L'absolution constate qu'un fait a été commis par l'accusé, mais que ce fait ne tombe pas sous le coup de la loi pénale; si l'absolution enlève au fait tout caractère de criminalité, il ne l'empêche pas d'être préjudiciable, de constituer un délit ou un quasi-délit tombant sous l'application des art. 1382 et suiv. du cod. civ.

PROPOSITIONS.

1° *Droit romain*.

1° Dans plusieurs cas l'usufruit est considéré comme partie du *dominium* (L. 4, ff. De usuf.; — L. 70, § 2, ff. De fidejus.; — L. 58, ff. De verb. oblig. — nec obst.; L. 13, § 2, ff. De accept.)

2° Le fidéjusseur qui aurait fait périr la chose due peut être actionné ex stipulatu (L. 88; L. 49, P. R.; L. 91, § 4, ff. De verb. oblig.; L. 95, ff. De solut.; — L. 52, § 5, ff. De usur. et fructibus nec obst.; L. 19, ff. De dolo malo).

3° Lorsque le créancier hypothécaire laisse le débiteur soutenir le procès sur la propriété du gage, la chose jugée contre le débiteur pourra lui être opposée lorsqu'il agira par l'action servienne.

4° Le pupille qui s'est obligé sans l'autorisation de son tuteur est obligé naturellement, même quand il ne s'est pas enrichi.

5° Les créanciers ayant une hypothèque générale, et notamment le fisc, prennent rang ex tempore sur les biens à venir.

2° *Droit français*.

1° Pour exercer, aux termes de l'art. 1166 cod. civ., les droits et actions de son débiteur, le créancier est obligé de se faire autoriser par le débiteur ou subroger par justice.

2° En cas de renonciation à la communauté, la femme peut exercer son hypothèque légale sur les conquêts de communauté vendus par le mari pendant le mariage.

3° L'art. 800 cod. civ. n'est pas une dérogation à l'article 1351, cod. civ.

4° On ne peut opposer au créancier hypothécaire la chose jugée avec son débiteur sur la propriété du domaine hypothéqué.

5° En matière de jugements, l'héritier véritable est représenté par l'héritier apparent.

6° En matière de questions d'État, la chose jugée avec le père ou la mère du réclamant ne peut être opposée aux divers membres de leur famille agissant en leur propre nom.

7° L'exception de discussion peut être invoquée en matière commerciale.

8° La fin de non-recevoir résultant contre un appel de ce qu'il a été interjeté après les délais ne peut être suppléée d'office.

9° La tierce opposition n'est pas la mise en pratique de la chose jugée ; elle n'est relative qu'à la force exécutoire des jugements.

10° La personne accusée d'infanticide et acquittée par le jury peut être poursuivie pour homicide par imprudence.

11° Lorsqu'une question civile se présente devant les tribunaux criminels, ceux-ci ne peuvent admettre que les preuves autorisées par la loi civile.

12° Les belligérants n'ont pas le droit de visite sur les navires portant pavillon neutre.

B. GOSSELIN.

Vu par le doyen,
C. PELLAT.

Vu par le recteur de l'Académie,
CAYX.

9 782019 264475